Lothar Graf zu Dohna

Erlebte Geschichte

Erinnerungen an die Jahre vor und nach Kriegsende

Wallstein Verlag

Der Autor: Lothar Graf zu Dohna (1924-2021) wurde in Ostpreußen geboren. Er war Professor der Geschichte an der Technischen Universität Darmstadt und Honorarprofessor der Kirchengeschichte an der Goethe-Universität Frankfurt am Main.

Veröffentlichungen u.a.: Vom Kirchenkampf zum Widerstand, Wiesbaden 1988.
Zuletzt: Die Dohnas und ihre Häuser. Profil einer europäischen Adelsfamilie, 2 Bde., Göttingen 2013.
Staupitz, der theologische Lehrer Luthers (mit Richard Wetzel), Tübingen 2018.

Bibliografische Information der Deutschen Nationalbibliothek

Die Deutsche Nationalbibliothek verzeichnet diese Publikation in der Deutschen Nationalbibliografie; detaillierte bibliografische Daten sind im Internet über http://dnb.d-nb.de abrufbar.

Zweite Auflage 2021

www.wallstein-verlag.de
Vom Verlag gesetzt aus der Stempel Garamond
Einbandgestaltung: Wallstein Verlag, Göttingen
Druck und Verarbeitung: Hubert & Co, Göttingen

978-3-8353-3460-1

Vorbemerkung

In diesem Bericht geht es nicht um das für diese Zeit Typische, das viele gleich oder ähnlich erlebt und mehrfach auch dargestellt haben, etwa die Fronterlebnisse (1943-1944), oder Kindheit und Jugend auf einem großen ostpreußischen Gut (Tolksdorf Kreis Rastenburg), wie auch das Leben in einem gymnasialen Internat (1937-1941). Im Folgenden soll vom Besonderen die Rede sein, das für mein Leben entscheidend und prägend gewesen ist. Es ist nicht die Darstellung eines Historikers, der den Zusammenhang mit der allgemeinen Geschichte einbeziehen müsste, sondern ein Bericht aus meiner eigenen Perspektive, wobei ich aber eine egozentrische Sicht zu vermeiden suche. Es handelt sich vielmehr um eine doppelte Aufgabe der Berichterstattung, sowohl möglichst objektiv zu formulieren als auch meine allgemein menschliche, den Menschen zugewandte Sicht zu verdeutlichen.

Zentral in meiner Erinnerung ist der schon früh beginnende entschiedene kirchliche und politische Widerstand meiner Eltern gegen den Nationalsozialismus. Und entscheidend waren dessen Folgen: die Hinrichtung meines Vaters und die Haft meiner Mutter im Konzentrationslager. Ein Hauptthema ist auch der Umbruch durch den Verlust meiner Lebensgrundlage im verlorenen deutschen Osten. Das aus der erlebten Geschichte motivierte und sie reflektierende Geschichtsstudium war allerdings auch erlebte Geschichte. Hauptschauplatz ist nun das in seiner Besonderheit im Nachkriegsdeutschland interessante Göttingen. Dazu gehören auch meine Freunde, jedenfalls soweit sie mich auf wissenschaftlicher Ebene anregten und bereicherten. Rein private Freundschaften gehören indes nicht zum

Thema. Bei der Aufzeichnung meiner Erinnerungen waren mir kurze, teilweise lückenhafte tagebuchartige Einträge in Taschenkalendern nützlich.

Über den engagierten Widerstand meiner Eltern wusste ich gut Bescheid.* Sie sprachen mit uns vier Geschwistern, ich bin 1924 geboren, schon früh (1932!) sehr vertrauensvoll und offen. So stimmten wir mit ihnen überein, ohne einen – generationstypischen – Widerspruch zu entwickeln. Ja, mehr noch, wir waren innerlich daran beteiligt, wir wollten selber widerstehen. Zu meiner Konfirmation im Oktober 1937 wählte ich den bekenntnishaften Spruch: »Ich schäme mich des Evangeliums von Christo nicht, denn es ist eine Kraft Gottes, die da selig macht alle, die daran glauben.« (Römer 1,16).

Nach gutem Hausunterricht durch Studienassessoren besuchte ich ab 1937 das Joachimsthalsche Gymnasium in Templin (Uckermark). Das anspruchsvolle altsprachliche Gymnasium mit täglicher Morgenandacht in der Aula war von meinen Eltern mit Bedacht ausgesucht worden.

Widerstand

Bereits 1932 warnten meine Eltern politisch einflussreiche Persönlichkeiten vor dem damals weitgehend unterschätzten Hitler. Das besondere Ansehen meines Vaters beruhte auf seinem Charakter und seiner Urteilsfähigkeit. Er war im Ersten Weltkrieg im Großen Generalstab unter Hindenburg und hatte schon früh die Brüchigkeit des herrschenden

* Eingehend habe ich über meine Eltern und ihren Widerstand in dem Buch »Die Dohnas und ihre Häuser«, Göttingen 2013, berichtet.

Systems erkannt. Als »Vernunftrepublikaner« arbeitete er, auch nachdem er Landwirt und Leiter des großen Grundbesitzes seiner Frau geworden war, auf verschiedenen Ebenen mit staatlichen Stellen zusammen. Unmittelbar nach der Machtergreifung saß meine Mutter während eines Essens beim Reichspräsidenten von Hindenburg neben dem General von Blomberg. Sie fragte ihn: »Wie konnten Sie in das Kabinett von diesen Banausen eintreten? Wenn diese Regierung bleibt, haben wir in fünf Jahren den Krieg.« Sie hatte sich nur um ein Jahr geirrt.

Bald besuchte uns Generaloberst von Fritsch, der Chef der Heeresleitung, in Tolksdorf. Meine Eltern drängten ihn dazu, dass die Generäle ihren Einfluss und ihre Macht geltend machen müssten, um das Hitler-Regime zu entmachten. Inzwischen, im Sommer 1933, war bei uns bereits die erste Hausdurchsuchung erfolgt.

Auf den heute nicht mehr ohne Weiteres verständlichen kirchlichen Widerstand, wie er in der »zerstörten« Kirche Preußens im Unterschied zu den westlichen »intakten« Kirchen geleistet wurde, möchte ich kurz eingehen. Als Hitler 1933 massiv damit begann, die Evangelische Kirche in das Dritte Reich einzugliedern, wobei in illegaler Weise ein Nationalsozialist zum »Reichsbischof« eingesetzt wurde, ließ sich mein Vater für die Minderheitsliste »Evangelium und Kirche« in die Provinzialsynode wählen. Aus dieser Liste entstand dann die Bekennende Kirche (BK), in der mein Vater gegen die »Machtergreifung« der hitlerhörigen, vom Staat unterstützten »Deutschen Christen« und des illegal aufgezwungenen ostpreußischen Bischofs kämpfte. Der herausragende Theologe Hans Joachim Iwand und mein Vater wurden in den ostpreußischen »Bruderrat« der BK gewählt, der als Not-Kirchenleitung fungierte, aber vom

Staat als »illegal« behandelt wurde. Die Mehrzahl der ostpreußischen Pfarrer und Gemeinden standen indes hinter ihm. Mich hat damals sehr bewegt, dass unser Tolksdorfer Pfarrer, als er die verbotene Kollekte für die BK einsammelte, verhaftet wurde, wie über hundert ostpreußische Pfarrer auch. Unter der Begleitung des Posaunenchors unserer Gemeinde sangen die Konfirmanden vor dem Gefängnis, und ich bedauerte, noch kein Konfirmand zu sein. Bei uns im Tolksdorfer Hause hielt Iwand trotz Redeverbot eine Ansprache. Wir Kinder waren wie elektrisiert und beobachteten aus dem Fenster die Ankunft von vielen Menschen. Für meinen Vater bedeutete der Kirchenkampf den Entschluss zu einem kompromisslosen politischen Widerstand.*

Ein noch wichtigerer Schritt zum systemstürzenden Widerstand war allerdings die Entscheidung meines Vaters, nach dem bevorstehenden Staatsstreich eine Aufgabe zu übernehmen. Im August 1938 kam Carl Goerdeler, der meinen Vater aus Königsberg kannte, eigens zu uns nach Tolksdorf, um von ihm die Zusage zu erhalten, bei dem in der »Tschechenkrise« geplanten Staatsstreich die Funktion eines Oberpräsidenten für Ostpreußen zu übernehmen. Mein Vater sagte zu. Mit den Generälen Beck und Halder, die den Staatsstreich vorbereiteten, stand er in Verbindung, sowie dann mit anderen Persönlichkeiten des militärischen Widerstands. Bei Kriegsbeginn war mein Vater als Oberst im Generalstab reaktiviert worden. Nachdem er im Frühjahr 1943 aus dem Militärdienst verabschiedet worden war, kam Ende Juli 1943 Peter Graf Yorck incognito nach Tolksdorf und erreichte von meinem Vater die Erklärung, dass er

* Näheres in meinem Aufsatz: Vom Kirchenkampf zum Widerstand, in: Festschrift K.O. von Aretin, S. 857-879, Stuttgart 1988.

beim Staatsstreich das Amt des »Politischen Beauftragten« (so hieß das bei den »Kreisauern«) für Ostpreußen übernehmen werde.

Nachdem mein Bruder Carl Albrecht 1941 gefallen war, sprach Papa viel mit mir allein. Für unseren Briefwechsel – seit April 1942 war ich Soldat, zeitweise im Osten – hatte er einen Code entwickelt, der als solcher nicht erkennbar war, da jede Verschlüsselung von Geheimdiensten geknackt werden könne. Hitler hieß Hugo, Goerdeler war als Georg versteckt, als ob es Verwandte wären. Außerdem war von Ernteaussichten und dem Wetter die Rede, um politische Zusammenhänge auszudrücken.

Als ich Anfang März 1944 noch ein letztes Mal auf Urlaub zu Hause bei meinen Eltern in Tolksdorf war und meinen Fronteinsatz als frischgebackener Leutnant der Reserve erwartete, erlebte ich, dass mein Vater alarmiert wurde: Im nahen Führerhauptquartier »Wolfsschanze« sollte ein Anschlag auf Hitler erfolgen und Generalfeldmarschall von Witzleben sollte dort – anders als dann am 20. Juli – den Oberbefehl übernehmen. Bei uns sollte er wohnen.

Vom Attentat am 20. Juli 1944 erfuhr ich an der Ostfront. Wir hörten Hitlers Ansprache im Rundfunk. Da hierbei und in den folgenden Tagen nur von einer »kleinen Clique ehrgeiziger Offiziere« gesprochen wurde, schöpfte ich Hoffnung. War doch mein Vater im zivilen Widerstand engagiert. Den Namen Stauffenberg hatte mein Vater wohl nicht erwähnt. Die Namen der mir bekannten im Widerstand Maßgebenden, Beck, Witzleben, Tresckow und Fellgiebel, oder Goerdeler, die beiden Schulenburg, der vormalige Königsberger Landrat und der Botschafter, wurden im Rundfunk nicht genannt. Also würde mein Vater wohl nicht ins Visier der Gestapo geraten. Allmählich fiel mir dann doch auf, dass Briefe meiner Eltern ausblieben. Erst im Oktober sollte ich dann von der Hinrichtung meines Vaters erfahren, auch dass meine Eltern schon am 21. Juli verhaftet worden waren und mit ihnen mein gerade anwesender 17-jähriger Bruder Fabian (Faffa). Weil dieser aber schon Soldat war, ist er nach einer Woche zur Truppe entlassen worden. Einige Tage später war auch meine Schwester Ursula (Ulla) verhaftet worden.

Bei der Postverteilung wurde der alte Scherz gemacht: »Aus dem Gefängnis darf man eben nicht schreiben.« Ich dachte: »Ihr Ahnungslosen!« Aber waren sie alle ahnungslos? Mein Batteriechef, Oberleutnant Brossok, hatte mir unlängst anvertraut, er leide darunter, dass er seine Verlobte wegen ihrer jüdischen Abkunft nicht heiraten dürfe. Nun ließ auch mein Abteilungskommandeur, der hochdekorierte Major Jarislaf von Kleist, deutlich erkennen, dass er kein Nazi war. Ich war – typisch für einen jungen Artillerieoffizier – häufig als »vorgeschobener Beobachter« in vorderster Linie eingesetzt, eine äußerst gefährliche Aufgabe. Kleist holte mich, um mich zu schützen, in seinen Stab, wo ich es freilich nicht lange aushielt.

Verwundung an der Ostfront

In einer Notsituation übertrug mir ein Infanteriekommandeur, dessen Offiziere alle gefallen waren, kurzerhand den Befehl über die Hälfte seiner Truppe, um einen bereits laufenden gefährlichen russischen Angriff abzuwehren. Bei diesem Einsatz erhielt ich am 26. September bei Straupe, nördlich Riga, meine zweite Verwundung. Das sollte sich später als meine Rettung erweisen. Mir fiel auf: Es waren drei Maschinengewehrschüsse, die mich getroffen hatten. Die beiden ersten zerschmetterten die Elle und die Speiche am linken Arm, der dritte durchlöcherte meinen Mantel zwischen Arm und Brust. Ein vierter blieb aus, er hätte mein Herz getroffen. Welch eine Fügung!

Weil die Bahnlinie nach Ostpreußen bereits abgeschnitten war, verlegte man Schienen auf den Strand der Ostsee. Beladen mit Verwundeten rumpelte der dafür nicht eingerichtete Behelfszug auf dieser provisorischen Strecke im Fünf-Stundenkilometer-Tempo in Richtung Heimat. Nach fünf Tagen landeten wir im Lazarett im Schloss Plagwitz bei Löwenberg in Schlesien.

Ich erfahre das Schicksal meiner Eltern

Hier besuchte mich am 10. Oktober meine Großmutter, Lonny von Borcke, die gerade im Schloss Kotzenau in Schlesien, ihrem Elternhaus, zu Besuch war. Omi war mir besonders vertraut, weil ihr Witwensitz Plötnick nur 2 ½ km von Tolksdorf entfernt war. Durch sie erfuhr ich endlich etwas über das Schicksal meiner Eltern, vor allem, dass Papa hingerichtet war und dass Mama in Königsberg im Gefängnis saß. In ihrer liebevollen Art wollte Omi mich nicht erschrecken und zögerte wohl aus Rücksicht die traurige Nachricht bis zum Augenblick des Abschieds hinaus. So blieb ich sprachlos und ratlos zurück. Beide Eltern standen mir doch sehr nahe, was ja nicht selbstverständlich ist. Gegenteilige Beispiele waren mir wohlbekannt.

Am nächsten Morgen beantragte ich den mir bei einem Todesfall zustehenden Urlaub, war ich doch mit der Verwundung am linken Arm reisefähig. Weil jede Bekanntgabe der Hinrichtung sowie jegliche Todesanzeige verboten war, hatte ich keinen Beweis in der Hand und konnte nur sagen, dass mein Vater gestorben sei. Der verständige Chefarzt Dr. Pfleger erteilte mir trotzdem ohne Rückfrage den Urlaub, so dass ich gleich nach Tolksdorf fahren konnte.

Unser Gut ist beschlagnahmt – Besuche bei meiner Mutter im Gefängnis

Man hatte in der Erwartung, dass unser Haus in Tolksdorf vollständig von einem Lazarett besetzt würde, für uns Geschwister zwei Gästezimmer reserviert. Unser Oberinspektor, Herr Schützler, kam vom Nebengut Plötnick, dem Verwaltungssitz unserer Güter, herüber und teilte mir mit, dass der Besitz beschlagnahmt und er als Treuhänder eingesetzt sei. Es täte ihm leid, aber ich hätte in Tolksdorf gar nichts zu sagen und dürfe auch niemand eine Anweisung geben. Unsere Gutsleute hielten sich aber nicht an diese Regelung. Die treue Hausgenossin »Katze«, mit bürgerlichem Namen Fräulein Wiechert, die sich »Beschließerin« nannte, versorgte mich. Die mit ihr befreundete Privatsekretärin meines Vaters, Fräulein Kasper, auch bei uns im Hause wohnend, hielt selbstverständlich auch zu uns. Dabei hatte sie auch eine offizielle Stellung: Sie vertrat den – nicht vorhandenen – Bürgermeister. Sie gab dann Ulla im Januar zur Flucht sogar einen größeren Betrag aus der Forstkasse, die sie verwaltete. Kutscher Strack, Mitglied der Bekennenden Kirche und des Kirchengemeinderats, fuhr mich selbstverständlich zum Bahnhof. Wir hatten ja seit Kriegsbeginn kein Auto mehr. Ich beschloss nämlich, möglichst bald nach Königsberg zu fahren, um meine Mutter und meine Schwester dort im Gefängnis zu besuchen.

Ich übernachtete in Waldburg (13 km südlich von Königsberg), dem Schloss von Eberhard (Ebsi), Papas ältestem Bruder, der sich, gemeinsam mit seiner Frau Renata, meiner rührend annahm; so schrieb er auch wichtige Briefe für mich. Ich beantragte, dass die Beschlagnahme von Tolksdorf aufgehoben werden solle, da mein verurteilter Vater gar nicht der Eigentümer des Gutes gewesen sei, es sei das von ihrem Vater geerbte Gut meiner Mutter. Diese Freigabe erfolgte tatsächlich nach einigen Wochen. Das Datum ist leider nicht mehr festzustellen.

Mit Tante Renata fuhr ich nach Königsberg. Der Nordbahnhof war, wie die ganze Innenstadt, durch Bomben völlig zerstört. Unmittelbar daneben waren das Gefängnis und das Polizeipräsidium unversehrt geblieben. Tante Renata besuchte meine Mutter regelmäßig. Sie hatte eine unnachahmliche Art von Freundlichkeit und Distanz, in der sie den Kommissar mit dem schönen ostpreußischen Namen Weisheit zu nehmen wusste. Dieser hatte darauf hingewiesen, dass er Schutzpolizist gewesen und dann zur Kriminalpolizei versetzt worden sei. Er sprach von allen Häftlingen und deren Verwandten per Vornamen! Leutselig lobte er: »Unsere Renata ist ja die Beste«, während er unsere Tante und Zellengenossin meiner Mutter, die stolze, mitunter schroffe Harriet Gräfin von Lehndorff mit »Der (!) Harry ist doch eine englische Laadi« abschätzig beurteilte. Er sah den Trauerflor an meinem Arm, riet mir aber, ihn abzunehmen: »Dass Ihre Mutter den Tod ihres Mannes nicht erfährt, wird ihr Hoffnung geben und sie überleben lassen.« Dann saß ich endlich meiner Mutter und meiner Schwester Ulla an einem Tisch gegenüber. Ein Brett trennte unsere Beine.

Auf Mamas Frage, was ich von Papa wisse, antwortete ich nur: Ich weiß leider nichts Neues. Ich freute mich, dass Mama sehr gefasst wirkte und mir wenig verändert schien.

Am nächsten Tag wurde Ulla abends aus der Haft entlassen. Es war der 15. Oktober, der Geburtstag unseres Vaters. So geschah an diesem traurigen Tag auch etwas Erfreuliches. Sie wurde später natürlich sehr bedauert, dass sie so lange in Haft war. Sie erwiderte nur: »Ich danke Gott für jeden Tag, den ich im Gefängnis war.« Ulla war auch gleich voller Energie, sie ritt mit, als unsere Cousine Lenorchen (später »Nono« genannt) uns zum Reiten aufforderte. Auch ich war froh, dass ich es schaffte, mit einem Arm in Gips auf »Nixe« zu reiten.

Da zugleich auch die Tante Lehndorff, Zellengenossin meiner Mutter, entlassen wurde, wünschte Mama, mit Frau von Berg aus Perscheln zusammengelegt zu werden. Kommissar Weisheit, der das selbst nicht entscheiden konnte, schlug vor, ich solle zu dem ihm vorgesetzten SS-Offizier in das Polizeipräsidium gehen, der die Bitte eines verwundeten Frontoffiziers wohl nicht ablehnen werde. Der gerade eingetroffene Onkel Henning bot mir seine Hilfe bei diesem Vorhaben an. Meine Eltern hatten Dr. Henning Graf von Borcke auf Stargordt in Pommern, einen Vetter meiner Mutter, für den Fall ihrer Verhinderung zu ihrem Bevollmächtigten bestellt. Weil er als Kriegsversehrter des Ersten Weltkriegs zu Hause und stets abkömmlich war und als Jurist sowie anerkannter Landwirt auch Großgrundbesitzer wirtschaftlich beriet, war er für diese Aufgabe ausersehen. Dankbar nahm ich die Hilfe bei diesem dornigen Gang an. Wir klopften an der gekennzeichneten Tür. Auf den Ruf »herein« öffnete ich und fühlte mich plötzlich von hinten geschoben. Die Tür fiel hinter mir ins Schloss und ich stand allein vor dem ranghohen SS-Führer. Damit hatte ich nicht gerechnet. Ich versuchte, meine Fassung zurückzugewinnen. Das Gespräch verlief dann aber gut; meiner Bitte wurde entsprochen.

Indes fragte ich mich: hatte mein Onkel schlimme Erfahrungen mit den Mächtigen des Dritten Reichs gemacht? Lag darin die Erklärung für seine plötzliche Angst? Weil Tolksdorf beschlagnahmt war, reiste Onkel Henning schon am 17. Oktober wieder zurück nach Stargordt.

Nach Waldburg kam dann Alexander Fürst zu Dohna, der älteste Vetter, aus Schlobitten, gereist, um zu fragen, wie er mir helfen könne. Diejenigen Menschen, die mir in dieser Zeit zur Seite standen, sind fest in meinem Gedächtnis – ich möchte sagen, in meinem Herzen – verankert. Ulla und ich blieben noch in Waldburg, um Mama zu besuchen. Und nun saß Ulla auf derselben Seite wie ich an dem Besuchertisch.

Dann fuhr Ulla nach Tolksdorf und ich reiste am nächsten Tag, dem 19. Oktober, nach Heilsberg und besuchte unseren Bruder Faffa, der dort in der »schweren Artillerieabteilung« ausgebildet wurde. Unser Vetter Eberhard (Ebo) aus Waldburg, der dort als Oberleutnant der Reserve Dienst tat, kümmerte sich rührend um den vaterlosen Jungen. Ebo vermittelte auch ein Gespräch des Regimentskommandeurs mit mir. Hierbei konnte ich dem Oberst auch danken, dass er meinem Bruder so verständnisvoll entgegengekommen war und ihm nach der Entlassung aus der Haft einen nicht vorgesehenen Urlaub erteilt hatte. Nicht zuletzt freute ich mich, dass Faffa sich in seiner Situation so tapfer verhielt. Von Heilsberg fuhr ich nach Hause.

Als Ulla und ich wieder in Tolksdorf waren, kamen Reinhard Graf zu Stolberg aus Dönhoffstedt und Ludwig

Graf von der Groeben aus Schwansfeld herübergefahren, um ihre Hilfe anzubieten. Als Herr von Reichel aus Colbiehnen, ein Regimentskamerad meines Vaters, kaum das Haus betreten hatte, erschien gerade der Kommissar. Reichel, der als Kreisjägermeister eine offizielle Stellung bekleidete, durfte nicht gesehen werden, schnell verschwand er durch die Hintertür.

An meine Kleidungsstücke konnte ich nicht herankommen, weil Schrank und Kommode von der Gestapo versiegelt waren. Deshalb rief ich Kommissar Weisheit an und sagte, meine Wäsche bedürfe dringend der Erneuerung. Er erlaubte das, und ich entfernte sofort alle Siegel. Katze sagte, sie habe ihn gefragt, ob er sich nicht einen Anzug meines Vaters nehmen wolle, was er dann auch tat (er war ihm viel zu groß!). Ulla war darüber empört. Ich fand aber, dass dies hinnehmbar sei, weil Katze damit den Kommissar günstig stimmen wollte.

In diesen Tagen traf auch meine im fernen Westfalen – im Schloss Cappenberg – wohnende Tante Ilse ein, Mamas einzige Schwester, verheiratete Gräfin von Kanitz. Wie ich dann erfuhr, war sie schon bald nach der Verhaftung meiner Eltern couragiert in Berlin in das Hauptquartier der Gestapo in der Prinz-Albrecht-Straße gegangen, um, wenn möglich, eine Entlassung oder eine Hafterleichterung oder Besuchserlaubnis bei meinem Vater zu erreichen – natürlich vergeblich. Ähnlich hatte dasselbe übrigens auch meine Cousine Amélie (Amsi), Kriegswitwe von Heinrich Dohna auf Willkühnen, versucht. Tante Ilse fuhr nun mit Ulla und mir nach Plötnick, wo meine Großmutter Borcke im Gutshaus ihren Witwensitz hatte. Omi war aber nicht mehr dort, weil meine Eltern und auch Ulla vorausschauend dafür gesorgt hatten, dass sie das gefährdete Ostpreußen verließ. Sie konnte in Kotzenau wohnen, hielt sich indes zur Zeit im Radium-Bad Oberschlema im West-Erzgebirge zu einer verlängerten Kur auf. Tante Ilse packte mit uns Wertsachen, vor allem das Tafelsilber, ein. Die »Gesellschaftsdame« meiner Großmutter, Fräulein Reisewitz, schrie empört: »Sie können doch nicht alle Sachen Ihrer Mutter wegnehmen, und wovon soll ich denn essen?« »Frau von Borcke wird nicht mehr in das bedrohte Ostpreußen zurückkehren«, erwiderte meine Tante, »und bis Sie selbst fliehen müssen, können Sie eben von Küchensilber essen.« Alsbald schickten wir die Pakete nach Oberschlema. Leider leitete meine Großmutter diese – die Bedrohung Schlesiens verkennend – sogleich nach Kotzenau weiter, wo sie dann aber in den Kriegswirren verloren gingen. Mit Tante Ilse besuchten wir auch Mama im Königsberger Gefängnis.

Ulla und ich sprachen mit dem besonders geschätzten Stellmachermeister unseres Gutes, Warwel. Meister Warwel, wie er respektvoll genannt wurde, meinte, wir könnten doch versuchen, rettungswürdige Sachen wegzuschicken und bot sich an, heimlich aus unbenutzten Brettern Kisten dafür zu machen. Wir nahmen das dankbar an, später gelang es tatsächlich, 22 Kisten zu unserer Cousine Friederike (Pieke) Freifrau von Maltzahn, einer Tochter aus Waldburg, nach Pinnow bei Malchin zu senden. Sendungen, die über Berlin gingen, etwa nach Cappenberg, wurden nicht mehr angenommen. Immerhin kamen elf davon dort an. Mit Meister Warwels Enkel stehen wir bis heute in Verbindung. Aber von der Treue der Tolksdorfer gab es auch eine Ausnahme.

Gustav Ausländer, unser schon von den Großeltern angestellter, sehr tüchtiger und fähiger Diener, der auch als Hausmeister fungierte, war als Techniker der elektrischen

Anlagen und der Zentralheizung unersetzlich. Gewisse charakterliche Schwächen waren bekannt, so dass er bei der Trinkgeldverteilung seine Hausgenossen unsolidarisch zu bemogeln versucht hatte. Nach der Verhaftung meiner Eltern packte ihn panische Angst, weil er anscheinend zu viel zu wissen meinte. Er war mit Sicherheit kein Nazi. Jetzt aber zeigte er sich allgemein sichtbar als linientreu und erklärte: Das Haus von solchen Verrätern betrete ich nie wieder. Als ich dann wieder in Tolksdorf war, begegnete ich ihm zufällig auf dem Hof, wo er mit seiner Familie wohnte. Demonstrativ hob er den Arm zum offiziellen – in Zivil aber unüblichen – Hitlergruß und rief laut »Heil Hitler«. Das war ein Schock für mich, doch dann tat er mir auch leid. Er hat sich auch nach dem Krieg, obwohl er die Cappenberger Adresse kannte, nicht gemeldet, wie es viele Tolksdorfer taten.

Wieder im Lazarett

Zurück in Plagwitz (am 23. Oktober), erhielt ich wieder erfreuenden Besuch. Zunächst kam meine besonders sympathische Cousine Dorothea (Dodi) Gräfin von Schweinitz. Sie lud mich ein, zum Wochenende zu ihr nach Crayn (Post Kroitsch, Kreis Liegnitz) zu kommen. Im »Ersatzheer«, wandte ich ein, habe dessen neuer Befehlshaber Himmler eine Urlaubssperre verhängt, und ohne gültige Papiere dürfte ich nicht mit der Bahn fahren. Das sei kein Hindernis, erwiderte meine Cousine, ich müsse nur einmal umsteigen und auf dem zuständigen Bahnhof werde sie mich abseits der Sperre herausholen. Wie besprochen, fuhr ich dann nach Crayn. In Plagwitz, nur eine Haltestelle, gab es keine Sperre. Auf dem kleinen Bahnhof Wildschütz gab meine Cousine dem Bahnhofsvorsteher einen Wink, woraufhin er eine kleine Pforte öffnete, so dass ich der Kontrolle entgehen konnte. In dem alten Wasserschloss mit teilweise sehenswerten Innenräumen durfte ich ein gemütliches Wochenende mit Dodi und ihren reizenden Kindern von zehn und acht Jahren verbringen (28./29. Oktober). Die Rückfahrt, die zunächst gut klappte, wäre dann später um ein Haar schief gegangen. Ich schlief ein und wachte erst eine halbe Stunde nach der vorgesehenen Ankunftszeit auf. Während ich noch überlegte, was zu tun sei, hielt der Zug. So stieg ich schnell in vollkommener Dunkelheit aus und fragte, »wo bin ich hier?« Die verblüffende Antwort: »In Plagwitz!«. Der Zug hatte Verspätung. Dann schlich ich mich ins Lazarett. Obwohl mein Zimmernachbar sich, wie besprochen, in mein Bett gelegt hatte, damit es benutzt erschien, hatte die nette Schwester meine Abwesenheit natürlich bemerkt. Sie meldete das aber nicht. Bald kam auch Dodis Mutter, Papas hochgeschätzte Schwester, Walpurgis von Mutius, von ihrem schlesischen Wohnsitz her, ein herzerwärmender Besuch. Am 2. November musste ich das Lazarett verlassen.

Im »Lehrgang« – in der Isolierstation

Der Reichsführer SS Heinrich Himmler, seit dem 20. Juli Befehlshaber des Ersatzheeres, hatte angeordnet, dass nichtbettlägerige Offiziere nicht untätig im Lazarett bleiben sollten, sondern in einem »Lehrgang für genesende Offiziere« eine Art Fortbildung erhalten. So wurde ich zu einem Truppenteil nach Ostpreußen geschickt – nach Lötzen –

und von dort nach Allenstein in den Lehrgang. Dabei konnte ich die Fahrt für einige Tage in Tolksdorf unterbrechen. Hier hatte sich das Feldlazarett in unserem Haus – mit Ausnahme des Küchenflügels, in dem Katze und Fräulein Kasper wohnen blieben – vollständig etabliert, allerdings noch ohne Soldaten als Patienten.

Dort fand ich Ulla im Bett liegend vor. Sie litt sehr unter einer unbekannten Krankheit mit hohem Fieber, welche die ratlosen Feldlazarettärzte als Röteln bezeichneten. Nachts fand Ulla keine Ruhe, weil die Ärzte im unmittelbar an ihr Zimmer grenzenden Raum munter becherten und unerträglich lärmten. Ich bat sie, Rücksicht auf eine Kranke zu nehmen. Gleichwohl setzte der Lärm bald wieder ein. Auch eine zweite dringliche Bitte um Ruhe wurde nur mit leeren Versprechungen beantwortet. Zornig griff ich zu einer drastischen Maßnahme: Im Nachthemd eilte ich in den Keller und drehte die Sicherung heraus. Es wurde dunkel und ruhig. Wenig später kam der Chefarzt in mein Zimmer und drohte mir schlimme Konsequenzen an, woraufhin ich die Sicherung wieder einschraubte. Aber auch er »hatte verstanden«. Fortan war unsere Beziehung wieder freundlich.

In Allenstein herrschte im »Lehrgang« allgemeine Lustlosigkeit. Der Kommandeur, der versehrte Generalmajor Rexilius, sah in dem vorgesehenen Programm keinen Sinn. Wozu eigentlich Schießübungen, wo doch Offiziere niemals mit dem Karabiner schossen? Der Stab des Reichsführers SS hatte offenbar wenig Ahnung von den wirklichen Aufgaben eines Frontoffiziers. So ließ Rexilius auch vorgesehene Vorträge zur Propagierung der damaligen »Weltanschauung« ausfallen. Stattdessen gewann er kompetente Vortragende zu allgemeinbildenden Themen wie Literatur und Geschichte. Jedenfalls hatten wir auch viel Freizeit.

Diese im »Kommiss« ungewöhnlich erfreuliche Zeit wurde bald durch eine unerfreuliche unterbrochen: Mit hohem Fieber kam ich am 14. November in das Allensteiner Lazarett. Offenbar hatte ich mich bei meiner Schwester angesteckt. Die erfahrenen Internisten stellten jedoch fest, es waren nicht Röteln sondern Masern, eine Kinderkrankheit, die bei Erwachsenen gefährlich werden konnte. Meine ausnehmend hohe Temperatur erregte Besorgnis. Einige Zeit später fragte mich der Stabsarzt Mildenberger: »Haben Sie etwas mit dem Heerespersonalamt zu tun?« – »Nein!« – »Wollen Sie etwas mit diesem Amt zu tun haben?« – »Nein!« – »Ich verstehe. Ich werde zurücktelegrafieren, Sie hätten eine ansteckende Krankheit und könnten noch lange nicht dorthin reisen.« Vermutlich ahnte er etwas. Immer wieder traf ich auf Menschen, die mir gegenüber den Bedrohungen des Dritten Reichs halfen.

Der Vorgang ließ sich rekonstruieren: Das Personalamt hatte infolge meiner Verwundung meine Adresse nicht feststellen können. Nun hatte ich meinem Kommandeur im Osten aus Allenstein geschrieben, dadurch erfuhr das Amt meine Adresse und konnte mich nach Lübben im Spreewald, seinem Ausweichquartier, zitieren. Nach der Antwort des verständigen Stabsarztes ging sie wieder verloren.

Kurz vorher, am 13. November, bekam ich im Lehrgang ein kleines Päckchen von Major von Kleist. Es enthielt zu meiner Überraschung und Freude das Eiserne Kreuz Erster Klasse, das mir für meinen letzten – offenbar erfolgreichen – Einsatz verliehen wurde. Weil diese, das EK 2 voraussetzende, höhere Stufe sichtbar auf der Brust getragen wurde, hat es mir später bei den militärischen Verhören und bei der Gestapo genützt. Am 2. Dezember erfreute mich Ulla durch ihren Besuch.

Nach der Aufhebung der Beschlagnahme kam unser Onkel Borcke nach Tolksdorf, um seine Aufgabe als Bevollmächtigter hier wahrzunehmen. Er erwies sich auch jetzt wieder als ängstlich, einige von Ulla vorgeschlagene Rettungsmaßnahmen durchzuführen, weil er das Geld für die erst im Februar fälligen Steuern zurückhalten wollte. Immerhin setzte Ulla es durch, einen Bahntransport junger Pferde nach Stargordt durchzuführen. Dabei konnte sie Wertgegenstände, vor allem die Borckeschen Ahnenbilder, in Kisten im Heu verstecken, wie ich später erfuhr. Leider sind diese unersetzlichen Portraits dann, als der hyperkorrekte Onkel Stargordt zu spät und überstürzt verließ, nicht gerettet worden.

Am 20. Dezember erhielt ich Genesungsurlaub. In Tolksdorf erfuhr ich dann von Ulla, dass man Mama nicht mehr besuchen könne, weil sie aus Königsberg an einen unbekannten Ort verlegt sei, den Kommissar Weisheit nicht nennen durfte. Dann fragte er Ulla, ob sie eigentlich die Mecklenburgische Seenplatte kenne. Damit wollte er offenbar andeuten, dass Mama jetzt in das KZ Ravensbrück gekommen sei.

Zu der Weihnachtsfeier des Lazaretts wurden Ulla und ich eingeladen. Diese war äußerlich recht schön mit prächtigem Weihnachtsbaum in unserer großen Essstube, innerlich von trauriger Inhaltslosigkeit: In der routinierten Ansprache des Chefarztes kein christliches Wort, kein Wort über den Sinn des Festes.

Den noch im Keller vorhandenen Wein schenkten wir, ehe er den Russen in die Hände fiel, zu Weihnachten den unserem Haus besonders verbundenen Funktionsträgern, wie Kutscher oder Gärtner, statt der sonst üblichen Bescherung. Gerührt sagten sie, das letzte Weihnachten in Tolksdorf sei auch das schönste! Zu unserer privaten schlichten Weihnachtsfeier in der im Küchenflügel gelegenen »Dienerstube« luden wir nur zwei Sanitätsunteroffiziere ein, die wir inzwischen kennen gelernt hatten: den Organisten der Leipziger Thomaskirche, Hans Heintze, und den westfälischen Pfarrer Middendorf. Es war ein bewegender Abend mit ernsten, doch auch erfreuenden Gesprächen, in schlimmer Zeit eine menschliche Begegnung.

Um unserem Bruder Faffa, in seiner Kaserne nach Himmlers Befehl ausharrend, etwas Weihnachtsfreude zu schenken, fuhren wir Geschwister am zweiten Feiertag nach Heilsberg, wo wir ihn zum letzten Mal vor Kriegsende sahen. Auch Ulla hatte ihn schon einmal besucht, und zwar am 10. November, seinem 18. Geburtstag. Wir konnten alle nicht wissen, dass er noch in heftige Kämpfe verwickelt werden würde, wobei er schließlich eine leichte Verwundung – am Finger – erlitt und ins rückwärtige Gebiet geschickt wurde, so dass er schließlich noch vor Kriegsende in Bremen landete.

Zwei Tage nach Weihnachten ertönte in Tolksdorf dann das aufmunternde »Has up! Has up!«. Eine Hasenjagd musste stattfinden, weil man auf das Wildpret als Nahrung im Kriege noch weniger verzichten wollte als in normalen Zeiten. Hasen wurden an viele Menschen verschickt, angefangen von unserer alten Kinderfrau, Mimi (Minna Neidt). Sie lebte in Labiau, wo sie, wie wir später erfuhren, nach dem Einmarsch der Roten Armee verhungern musste.

Zur Jagd hatte ich mich gut vorbereitet. Mit unserem ebenso treuen wie fähigen Förster Kottschlag hatte ich ausprobiert, allein mit der rechten Hand die schwere Flinte zu führen, ohne dass sie von der linken Hand, wie eigentlich notwendig, unterstützt würde. Dies geschah mit dem bei Kottschlag einquartierten jagdbegeisterten Stabsapotheker des Feldlazaretts in unseren Guber-Wiesen. Mein Erfolg: eine Ente, ein Hase. Kottschlag hielt auch nach dem Krieg mit uns Verbindung – so wie sein Sohn, der Theologe Heinz Kottschlag, mit seinem Freund Faffa. So konnte meine Mutter dem examinierten Revierförster nach dem Krieg mit ihrem Zeugnis zu einer angemessenen Stellung im Staatsdienst verhelfen.

Der gemeinsamen Vorbereitung der großen Treibjagd konnten Kottschlag und ich den von meinem Vater »generalstabsmäßig« ausgearbeiteten Plan der Jagd von 1943 zugrunde legen. Nur die Standorte der Schützen mussten wir auf den genauen Zeichnungen für jeden Kessel ändern. Ich konnte nämlich nur eine begrenzte Zahl von Schützen einladen, nur Nachbarn, die abends nach Hause fahren konnten, weil wir ja nicht mehr über Gästezimmer verfügten. Es kamen die treuen Reinhard Stolberg, Ludwig Groeben und Herr von Reichel sowie die jungen Söhne: Werner von Alvensleben aus Rodehlen und Stobbe junior aus Dublienen. Alles klappte vorzüglich – auch das von Ulla vorbereitete »Schüsseltreiben«. Kreisjägermeister von Reichel lobte meine Jagdleitung – obwohl ich ihm mit Verweis auf meinen Vater widersprach –, die er mir auch für die Zukunft übertrug, indem er mich zum Nachfolger meines Vaters als »Jagdausübenden« bestellte. Dabei hatte ich ja nur einen Jugendjagdschein! Dies war natürlich nur als Anerkennung gedacht, denn auch Reichel wusste sicher, dass dies die letzte Jagd in Tolksdorf war.

Herr Heintze hatte von uns erfahren, dass es in der nahen katholischen Wallfahrtskirche Heiligelinde die zweitgrößte und -beste Orgel Ostpreußens gebe; die wir ja gut kannten. Da er darauf gerne spielen wollte, riefen wir den uns bekannten Superior der dortigen Niederlassung der Jesuiten an, der auch bereit war, die Kirche für uns am Vorabend von Silvester aufzuschließen. Herr Heintze hatte schon – zum Gottesdienst von Pfarrer Middendorf – auf der kleinen barocken Orgel unserer Tolksdorfer Kirche gespielt. Aber in Heiligelinde konnte er seine überragende Kunst entfalten, mit der er das wunderbare Instrument einer großdimensionierten Barockorgel beherrschte. Die eisige Kälte der Kirche nicht achtend, spielte er nach Improvisationen Bachs ausdrucksstarke Toccata und Fuge d-Moll. Als Höhepunkt folgte das nur von überragenden Könnern zu spielende Werk: Präludium und Fuge Es-Dur von Bach. Neben dem Organisten die Noten umblätternd, war ich überwältigt. Ulla saß unten im Schiff der prachtvoll ausgestatteten großen barocken Kirche, wo die Akustik am besten war. Dieser Abend wurde für uns zum ergreifenden Abschied von diesem Schicksalsjahr, ja auch von der Heimat, den wir auf der Schlittenfahrt in sternklarer Nacht bewusst erlebten, zugleich in dem Bewusstsein, dass auch das kommende Jahr uns noch viel Schweres bringen würde.

Hans Heintze, inzwischen Domorganist in Bremen, spielte 1992 noch einmal für uns das großartige Es-Dur-Opus von Bach, nun auf der herausragenden Furtwängler-Orgel in der evangelischen Kirche zu Gronau/Leine. Wir hatten ihn zu Ullas 70. Geburtstag eingeladen und sein Kirchenkonzert unterstützt. Dieses musikalische Erlebnis war uns zugleich eine bewegende Erinnerung nach fast fünf Jahrzehnten an das Jahresende 1944.

Am 2. Januar 1945 fuhr ich mit Ulla nach Stargordt, Kreis Regenwalde, auf den Urbesitz des pomoranischen

Häuptlingsgeschlechts Borcke. Von Jugend an war uns die verwandte Familie und ihr bedeutendes Barockschloss in Pommern vertraut. Hier ein stets gastliches Refugium zu haben, war für uns ein großes Glück.

Verhöre

Von Stargordt rief mich ein Telegramm nach Allenstein zurück, um mich auf diesem eigenartigen Umweg zum Heerespersonalamt nach Lübben im Spreewald zu schicken, wo ich am 7. Januar eintraf. Hier wurde ich in der Politischen Abteilung an den beiden nächsten Tagen verhört. Am 8. von einem Major Weiß. Glücklicherweise ging man davon aus, dass ich, weil ich von März bis September an der Front war, kein Beteiligter und auch kein Mitwisser des Staatsstreichs am 20. Juli wäre. Wenn man meine – verschwiegene – Mitwisserschaft herausbekommen hätte, hätte dies als Mittäterschaft aufgefasst werden und zu einem Todesurteil führen können, wie zum Beispiel bei Kaplan Wehrle. So verlangte Weiß nur von mir, dass ich »das Urteil über meinen Vater anerkennen« sollte. Da ich dies keinesfalls tun wollte, zog ich mich auf die formale Ebene zurück: »Ich kenne das Urteil nicht.« – »Aber wenn das höchste deutsche Sondergericht, der Volksgerichtshof, ein Urteil spricht, dann besteht doch kein Zweifel, dass es gerecht ist.« – »Wenn kein Zweifel besteht, warum soll es dann noch von mir anerkannt werden?« – »Weil Sie es persönlich anerkennen sollen.« – »Ein Urteil anerkennen kann doch nur der jeweilige Gerichtsherr, in diesem Falle der Führer.« – »Es geht doch nur darum, dass Sie die Tat Ihres Vaters verurteilen.« – »Ich kann mir überhaupt nicht vorstellen, dass mein Vater eine so streng zu verurteilende Tat begeht. Ich erhielt nur die Mitteilung über die Hinrichtung, jedoch keine Begründung.« – »Sie müssen das Urteil nur anerkennen, damit Sie Offizier bleiben können.« – »Ein Offizier, der etwas anerkennt, was er nicht kennt, ist doch als Offizier überhaupt nicht geeignet.« Es wurde deutlich, es ging um die vorgeschriebene Beurteilung jedes Offiziers, dass »er auf dem Boden des Nationalsozialismus steht«. Das war eine Formel, die jeder Kommandeur blindlings unterschrieben hatte, weshalb sie nach dem 20. Juli den Zusatz erhielt: »und ist geeignet, dieses Gedankengut auf seine Untergebenen zu übertragen.« Weiß bemühte sich, mich zu überreden, weil man ja dringend Offiziere brauchte. Er hatte mich auch gefragt – ich hatte den Mantel an –, ob ich Tapferkeitsauszeichnungen habe, und war dann über mein EK I sehr befriedigt. Weil ich auf die Forderung nicht einging, wurde das Gespräch noch lange durch andere Fragen fortgesetzt. Offenbar strebte der sachlich sprechende, nicht wie ein überzeugter Nationalsozialist wirkende Major eine positive Wendung des Falles an. Die Frage, ob eine akzeptable Kompromisslösung möglich gewesen wäre, stellte ich mir damals nicht. Vermutlich hätte Weiß die Kompetenz dafür nicht gehabt.

Am nächsten Tag wurde ich von General Maisel, dem Chef der Politischen Abteilung, des Amts verhört. Er war mir von vornherein sehr unsympathisch, ein typischer Nazi-General, ein Typus, der im deutschen Heer eher selten war. Mit Schärfe stellte er viele Fragen, die meine Einstellung ergründen sollten. Als ich die Forderung, das Urteil über meinen Vater anzuerkennen, erneut ablehnte, forderte er mich auf, mich sofort an die Front zu melden und dort den Tod zu suchen. Mein Tod würde dann »den Ehrenschild« meiner Familie reinigen. – »So etwas wie einen Ehrenschild gibt es in meiner Familie nicht. Außerdem bin ich gewohnt, von meinen Vorgesetzten eingesetzt zu werden, deren Befehl ich als gehorsamer Soldat folgen würde. Ein freiwilliger Tod ist mit meinem Gewissen nicht vereinbar.« – »Dann bleibt Ihnen nur ein Gnadengesuch an den Führer.« – »Ich habe doch nichts Unrechtes getan, da habe ich keinen Anlass zu einem Gnadengesuch.« – »Dann werden Sie sehen, was Sie davon haben! Offizier können Sie nicht bleiben. Sie werden dann in absehbarer Zeit eine schriftliche Entscheidung erhalten, was mit Ihnen geschehen wird.«

Über die Verhöre habe ich offen in meinem letzten Brief vom 15. Januar 1945 an Mimi nach Labiau berichtet. Jahrzehnte später habe ich den Brief im Original zurückerhalten. Er ist eine interessante Quelle, wenn ich auch meinen Bericht damals vereinfacht, verkürzt und, um Mimi nicht zu beunruhigen, optimistisch weichgespült habe.

Später wurde ich mehrfach darauf angesprochen, ich sei sehr mutig gewesen. Nein, ich hatte die Vorstellung, dass diese Nazi-Bande so tief steht, dass sie mich gar nicht wahrhaft berühren könnte. Durch meinen christlichen Glauben stünde ich fest auf einer höheren Ebene. Vor diesen Leuten wollte ich mich nicht verbiegen und meinen Vater verleugnen. Eine militärische Degradierung würde mich nur äußerlich treffen. Die angekündigte Entscheidung hat mich nicht mehr erreicht, weil ich am 25. Januar 1945 Ostpreußen verlassen konnte. Nach dem Krieg erfuhr ich durch meinen Freund Wolfgang von Buch, dass ich höchstwahrscheinlich in ein Strafbataillon der SS geschickt worden wäre, ein »Himmelfahrtskommando«.* Ein solches Straf-

* Näheres in: Wolfgang von Buch, Wir Kindersoldaten, Berlin 1998, S. 103-106.

bataillon erlebte der degradierte Oberst Harald Momm, der als Olympiasieger bekannte Springreiter. Der kluge und lebendige, mit einer Freundin meiner Mutter verheiratete Mann sprach nach dem Krieg darüber allerdings wenig, was aber gerade vielsagend war.

Außerhalb der Politischen Abteilung wurde ich im Personalamt sehr freundlich behandelt. Ein Reserveoffizier, Hauptmann Wahnschaffe, fragte mich, wie er mir die Reisepapiere ausstellen solle. Weil ich in Berlin ins Reichssicherheitshauptamt gehen wollte, schickte er mich in eine Wehrmachtdienststelle, von wo aus ich zu Fuß in die Prinz-Albrecht-Straße gehen könne. Die Weiterreise zu meinem »Lehrgang« – er war inzwischen von Allenstein nach Braunsberg verlegt – ließ er mich großzügig über Stargordt machen.

So konnte ich am 10. Januar in die berüchtigte Prinz-Albrecht-Straße gehen und schließlich den zuständigen SS-Obersturmbannführer Dr. Berndorff sprechen. Durch ihn, der sich gegenüber einem verwundeten Frontsoldaten sachlich und korrekt verhielt, erfuhr ich endlich offiziell, wohin meine Mutter nach ihrer Verlegung aus Königsberg gekommen war: in das Frauenkonzentrationslager Ravensbrück in Mecklenburg. Dann fragte ich, warum sie als Sippenhäftling noch nicht entlassen sei und bat um eine Besuchserlaubnis.

Hierüber könne eine Entscheidung erst nach Einsicht der Akten fallen, die im Spreewald ausgelagert seien und die sofort angefordert würden. Ein Antwortschreiben erreichte mich tatsächlich noch in Braunsberg. Es ist noch in meinem Besitz.* Darin hieß es, »dass die Festnahme wegen staats-

* Siehe Gerda Szepansky, Frauen leisten Widerstand: 1933-1945, Frankfurt 1983, mit Faksimile, S. 55.

feindlichen Verhaltens erfolgt ist«. Da durch ihre unerhört offene Kritik »bei der Stellung der Festgenommenen dieses Verhalten gerade in der heutigen Zeit geeignet ist, den z. Zt. mehr denn je erforderlichen Zusammenhalt im Volk zu untergraben und das Vertrauen zur Staatsführung zu unterbinden«, gibt es »keine Möglichkeit zur Entlassung«.

Letzte Tage in Ostpreußen

Am 13. Januar fuhren Ulla und ich von Stargordt nach Ostpreußen, Ulla nach Tolksdorf und ich zum »Lehrgang« nach Braunsberg. Hier, in der vormaligen Hauptstadt des katholischen Ermlands, beeindruckte mich die große gotische Kirche. Zufällig traf ich den mir bekannten Landstallmeister von Warburg. Er war dann sehr um mich bemüht und zeigte mir Vieles.

Im Lehrgang lernte ich den besonders netten Dr. Eduard Sangmeister näher kennen, Assistent der Vor- und Frühgeschichte an der Universität Marburg. Mit ihm fuhr ich am Sonntag, dem 21. Januar, nach Schlobitten. Das bedeutende Schloss war bereits ganz verlassen. Keine Tür war verschlossen. So wurde uns der Rundgang – ein Gang gleichsam durch vier Jahrhunderte Dohnasche Geschichte – zum eindrücklichen und zugleich makabren Erlebnis.

Unser Lehrgang wurde am 22. Januar in einem Zug in Richtung Westen geschickt. Plötzlich hielt der Zug auf freier Strecke. In der Dunkelheit hörten wir die Schüsse von Panzern ganz in der Nähe. Auf den Ruf »die Russen sind schon in Schlobitten« fuhr der Zug rückwärts, und dann über Braunsberg gleich weiter nach Königsberg und von dort zum Hafen Pillau. Unser »Krüppelhaufen« wurde am

25. Januar ohne die Waggons auf eine einfach ausgestattete Eisenbahnfähre gehievt. Zahlreiche zivile Flüchtlinge versuchten auch auf das rettende Schiff zu kommen; das wurde jedoch verhindert. Einem Ehepaar gelang es noch im letzten Augenblick, ihr Kind auf die Fähre zu schieben. Aber das Schiff legte gerade ab und ich zog das Kind an Bord, damit es nicht ins Wasser fiel. Die Eltern mussten zurückbleiben. So übernahm ich spontan die Verantwortung für das fünfjährige Mädchen, das sich mir sogleich vertrauensvoll anschloss. Meiner Erinnerung nach hieß sie Angelika.

Unter freiem Himmel in dem engen Zwischenraum zwischen den Schienen auf Heu unbequem gelagert, ermunterte ich die elternlose Kleine und erzählte ihr Märchen. Erschreckt sahen wir nahe Fliegerbomben fallen. Es waren in Wirklichkeit Luftminen, die erst geräumt werden mussten, ehe wir nach fast zwei Tagen weiterfahren konnten. Verpflegung hatten wir nicht bekommen, so konnten wir nur mit einem in meiner Manteltasche gefundenen trockenen Brotkanten den größten Hunger stillen. Meine kleine Reisegefährtin ertrug das tapfer und überraschte mich damit, dass sie nun selber Märchen erzählte. In Swinemünde, wo alle Passagiere das Schiff verließen, musste ich von meinem Schützling Abschied nehmen und ihn dem Roten Kreuz zu treuen Händen übergeben. Es blieb die Hoffnung, dass die Eltern ihr Kind wiederfinden würden.

Unser Lehrgang wurde am 29. Januar nach Greifswald verlegt, wo eine Kaserne außerhalb der Stadt zur Verfügung stand. Regelmäßig ging ich dann in die sehenswerte Stadt, um in der Universitätsbibliothek und im Historischen Seminar dank der Erlaubnis des verständnisvollen Professors Adolf Hofmeister historische Literatur zu lesen. Auch wanderte ich zu der durch die Gemälde von Caspar David

Friedrich berühmten Klosterruine Eldena. Für beide Seiten erfreuend war dann am 9. Februar mein Besuch bei den Luftwaffenhelfern aus dem Joachimsthalschen Gymnasium Templin. Unter diesen jüngeren Schulkameraden aus dem Internat traf ich auch Wolfgang von Buch wieder, der nach dem Krieg in Göttingen zum besonders wichtigen Freund werden sollte.

Schließlich wurde unsere Einrichtung aufgelöst, die ja schon längst kein »Lehrgang« mehr war, wenn auch immer noch ein »Krüppelhaufen«. So hatte auch ich meinen Arm noch immer im Gips, weil beide Knochen, Elle und Speiche, so sehr zerschossen waren, dass die beiden zertrennten Teile nicht zusammenwachsen konnten. Jeder Offizier wurde nun zu einem zuständigen Truppenteil geschickt. So kam ich nach Braunschweig zu dem dortigen Artillerieregiment. Am Nachmittag konnte ich die noch vorhandenen Teile der wunderbaren alten Fachwerkstadt erwandern. Das Denkmal des hochmittelalterlichen »Braunschweiger Löwen« war nicht zu sehen, weil es zum Schutz vor Bomben entfernt worden war. Erleben konnte ich die – historisch erneuerte – Burg Dankwarderode, die Pfalz Heinrichs des Löwen, und in der großartigen Stiftskirche (»Dom«) St. Blasius dessen herausragende Grablege. Die Nacht verbrachte ich wegen Bombenalarms in einem Luftschutzkeller. Am nächsten Morgen ging ich erschüttert durch die nachts nun endgültig zerstörte Altstadt.

Beim Regiment antwortete der Schreibstubenunteroffizier auf die Frage meiner zukünftigen Verwendung, ich würde zu einem aktiven Truppenteil versetzt werden. Zu meinem Hinweis auf den Gipsarm meinte er, dort würde ich geeignete Aufgaben erhalten. Schließlich sagte ich, mir stünde auch noch Genesungsurlaub zu. Der zu Weihnachten, den er dagegen anführte, sei für die Masern erteilt worden; es fehle noch derjenige für die Verwundung. Diesen Standpunkt würde der Oberst nicht anerkennen, erwiderte der Unteroffizier. Weil ich wusste, dass der letzte Urlaub aus Platzmangel auf einem eingeklebten Blatt in meinem Soldbuch – meinem militärischen Ausweis – eingetragen war, eilte ich auf das WC. Dort riss ich das Blatt heraus und spülte es hinunter. Die Stelle, wo das Blatt eingeklebt war, strich ich mit der Rückseite des Fingernagels glatt. So bemerkte der Kommandeur meinen Eingriff in das Soldbuch nicht. Der Urlaub wurde bewilligt; sogleich reiste ich nach Pinnow.

Hier freute ich mich, Ulla wiederzusehen. Sie war am 13. Januar nach Tolksdorf gefahren, wo am 15. schon der am 13. Januar begonnene Großangriff wahrnehmbar war. Weil ihr vom Kreisleiter untersagt worden war, sich um die Vorbereitung eines Trecks zu kümmern, reiste sie schließlich mit der Bahn ab. Mühsam konnte sie Frau Heintze davon überzeugen, nicht auf eine späte Abfahrt des Lazaretts zu warten, sondern zu ihren kleinen Kindern nach Lüneburg zurückzufahren. So verließ meine Schwester mit Frau Heintze im letzten Augenblick Ostpreußen über Danzig und fuhr ihrerseits nach Stargordt zurück. Bei Borckes hatte sie lange darum gerungen, einen Wagen und Pferde zu bekommen, um mit der zwanzigjährigen Tochter, Bertchen, und den aus Tolksdorf geretteten Wertsachen nach Pinnow zu fahren. Als Onkel Henning für zwei Tage abwesend war, setzte Ulla das bei der Tante durch, allerdings leider nur in einem kleinen Wagen und nur mit drei Koffern.

Ulla hatte von Tante Ilse Kanitz gehört, dass diese unter dem Vorwand eines privaten Besuchs des Kommissars im KZ Ravensbrück zu unserer Mutter vorgedrungen war. Darauf gelang Ulla das gleiche Kunststück.

So unternahm auch ich am 6. März die umständliche Reise mit der Bahn über Fürstenberg/Havel (Mecklenburg) zu Fuß nach Ravensbrück. Am äußeren Eingang war man jetzt strenger als bei den Damen. Die Frage, ob ich Kommissar Borchert denn kenne, musste ich natürlich verneinen, wäre ich doch schnell als Lügner entlarvt worden. So sagte ich, dass ich bei meiner Ahnenforschung auf den Namen Borchert gestoßen sei, darüber müssten wir uns austauschen. So fuhr ich in einem SS-Auto, begleitet von einem SS-Mann mit Maschinenpistole, zur Kommissarbaracke. Dort fragte mich, in Abwesenheit ihres Chefs, die nette Sekretärin, ob ich in einer Häftlingsangelegenheit käme. Das verneinte ich, um nicht gleich wieder zurückgeschickt zu werden. Dies wiederholte sich nach einiger Zeit; sie aber sagte: »Ich will Ihnen doch nur helfen. Sagen Sie mir doch bitte den Namen; nur ich kann dann in meiner Kartei die Häftlingsnummer heraussuchen, denn im Lager sind nur diese Nummern und nicht die Namen bekannt. Dann kann ich in der richtigen Baracke anrufen und die Frau mit der betreffenden Nummer schon herschicken lassen, was ja meist ein langer Weg ist. Wenn der Kommissar dann kommt, lassen Sie nur mich mit ihm sprechen.« So geschah es. Durch die halboffene Tür hörte ich: »Herr Kommissar, Sie sind doch kein Unmensch« und so weiter.

Als er dann schließlich den Besuch erlaubte – er musste vermutlich mit Unannehmlichkeiten von den Vorgesetzten rechnen –, kam meine Mutter schon bald, in einem Handwagen, der von zwei Häftlingsfrauen gezogen wurde.* An einem Tisch durfte ich dann etwa 20 Minuten mit meiner Mutter sprechen und ihr ein vom Kommissar überprüftes nahrhaftes Paket – Pieke sei Dank – übergeben. Herr Borchert, übrigens wie Herr Weisheit in Zivil und gleichfalls bei der Kriminalpolizei, ja ehemaliger Verkehrspolizist, setzte sich diskret an einen anderen Tisch. Mamas Frage nach Papa konnte ich ebenso wie seinerzeit in Königsberg mit »Ich weiß nichts Neues« beantworten. Ihre sichtbare Freude über das Wiedersehen erfreute auch mich, ebenso wie ihr tapferes Verhalten.

Nach Rücksprache mit dem Kommissar konnte ich noch in das innere Lager gehen, um in dem Zentralgebäude mit 40 Reichsmark – viel mehr hatte ich nicht bei mir – ein Konto für meine Mutter zu eröffnen, damit sie im Falle einer Entlassung nicht mittellos wäre. Dieses Massivgebäude war übrigens – wie ich später erfuhr – der sogenannte Zellenbau, in dem einerseits Häftlinge entsetzlich gequält wurden, andererseits auch einige bevorzugte prominente Häftlinge wie Isa Vermehren saßen, deren Buch infolgedessen irreführende Vorstellungen über das Leben im KZ verbreitet hat. Es ist bemerkenswert: Auch an diesem schrecklichen Ort war ich wieder Menschen begegnet, die mir – sogar unter eigenem Risiko – geholfen haben.

In Pinnow verlebte ich noch schöne Urlaubstage. Dort traf ich Verwandte, die als Flüchtlinge von den gastlichen Maltzahns trotz großer Enge aufgenommen waren. Albrecht

* Zu ihrem Wirken als Krankenschwester im Revier siehe: Christl Wickert, Else Court (1899-1946), Häftlingsärztin, in: Geschichte in Köln 61, 2014, S. 207-240.

zeigte mir seinen Wald, wo ich starke Hirsche bewunderte. Wir fuhren auch in die Nachbarschaft, so nach Leuschentin, dem Gut seines Bruders Georg, der mit meiner künstlerisch begabten Cousine Annilori, geb. Gräfin von Hochberg, verheiratet war.

Diphterie, eine Rettung – Rekonvaleszenz in Pinnow

Ausgerechnet am letzten Urlaubstag brach bei mir eine schwere Krankheit aus, die sich dann als Diphterie herausstellte. Gefährlich, aber doch wieder meine Rettung im letzten Augenblick. Als Soldat musste ich von einem Militärarzt behandelt werden, um mein Regiment offiziell von meiner Erkrankung zu benachrichtigen. Ein solcher konnte aus dem Lazarett in Malchin geholt werden. Wegen der Ansteckungsgefahr konnte ich nicht ins Lazarett gebracht werden und musste bleiben, wo ich war. Auch Ulla musste in unserem gemeinsamen Zimmer bleiben, die Ehebetten wurden nur voneinander getrennt. Der nette Unterarzt kam dann mit seinen umwickelten erfrorenen Füßen öfter herüber, um mich zu behandeln. Gott sei Dank hat sich Ulla nicht angesteckt.

Allmählich ging es mir besser. Am 1. April, zu Ostern, konnte ich schon kurz aufstehen und aus dem Fenster sehen, das einen schönen Blick freigab. Ein Treck wurde vorbereitet, mit dem die vier Kinder der Maltzahns und Piekes Eltern unter Ullas Leitung über die Elbe nach Westen gebracht werden sollten. Den Pinnower Pferden wurde ein Schild angehängt mit der Beschriftung »Graf Dohna-Waldburg, Ostpreußen«, so dass der nun angeblich ostpreußische Treck keine Probleme mit einer Treckerlaubnis hatte. Onkel Ebsi und Tante Renata, die nicht mit einem Treck, sondern mit der Bahn angereist waren, konnten sich ja – ebenso wie Ulla – als Bewohner Ostpreußens ausweisen. Am 4. April konnte ich die Abfahrt beobachten und den Verwandten, nicht ohne Bewegung, zuwinken.

Treck in den Westen

Auch Pieke und Albrecht bereiteten trotz strenger Verbote ihren Treck vor. Der Kreisleiter wusste, dass man von Pinnow nur in Malchin – der Kreisstadt – die Peene in Richtung Westen überqueren konnte. Er hatte Albrecht gedroht: »Wenn Sie dann durch Malchin fahren, erschieße ich Sie eigenhändig.« Wie konnte man anders den Fluss überwinden? Der erfahrene Jäger hatte die Hirsche beobachtet. Sie wateten an einer versteckten Stelle im Wald durch die Peene. Hier war offensichtlich eine Furt. Albrecht trainierte seine Pferde. Es war keineswegs leicht, mit einem schweren Wagen die steile Böschung hinunterfahrend, das Gespann dazu zu bringen, durch das Wasser zu waten. Auf Fahrten über Land übte der Vetter die »Warmblüter Trakehner Abstammung« auch zunehmend auf Langstrecken ein. Seit es mir besser ging, nahm er mich dabei mit. So lernte ich manche interessanten Orte kennen.

Meine eigene Leistungsfähigkeit steigerte ich nach und nach durch Fußmärsche, und zuletzt bin ich auch wieder geritten. Der Unterarzt aus Malchin untersuchte mich regelmäßig durch »Abstriche«, ob die Erreger der Diphterie noch aktiv wären. Vierzehn Tage nach drei negativen Proben könnte ich gesundgeschrieben werden. Eines Tages tat er überrascht: »Ihr dritter Abstrich ist wieder positiv. Ich kann Sie noch nicht gesundschreiben.« Vermutlich hatte er die Probe manipuliert. Wieder wollte ein guter Mensch mich retten!

An einem der letzten Tage vor dem Treck wanderte ich nach Zettemin, wo mir Georg Graf von Schwerin und seine mir entfernt verwandte Frau ihr Schloss zeigten und mich zum Essen einluden. Sie wollten nicht trecken. »Was machst Du, wenn die Russen kommen?« Georg (»Brüderchen«!) antwortete: »Ich trete vor die Tür meines Hauses und sage how do you do« – »Aber die Russen verstehen doch nicht Englisch« – »Ich war nie ein Nazi, ich brauche nichts zu befürchten.« Tatsächlich haben die sowjetischen Soldaten den freundlichen älteren Herrn dann geschont.

Auf dem Heimweg trat plötzlich eine mir unbekannte Frau hinter einem Busch hervor und sprach mich mit meinem Namen an. So fragte ich sie nach dem Ihren. »Ich bin doch Deine Tante Louisa Finckenstein aus Schönberg.« Diese Witwe eines 1932 verstorbenen entfernten Verwandten war als die »größte Nazisse« Ostpreußens bekannt und deswegen offenbar auch von Schwerins nicht eingeladen worden. Sie sei mit ihrer Tochter hier gelandet und wolle fragen: »Werden wir diesen Krieg verlieren?« – »Mein Himmel, wir haben ihn doch längst verloren!« Ich konnte ihr nur raten, so schnell wie möglich weiter nach Westen zu fahren.

In Pinnow erzählte ich dann, dass der kriegsversehrte Kunsthistoriker Carl von Lorck – bekannt durch seine Bücher über ostpreußische Herrenhäuser – und seine mit Mama verwandte, schwer gehbehinderte Frau in Zettemin festsaßen, weil die Schwerins dort bleiben wollten. Sie waren in Stargordt bei der überstürzten Flucht der Borckes vergessen und dann von einem Militärfahrzeug mitgenommen worden. Daraufhin wollten nun die mitfühlenden

Maltzahns sie retten. Man holte sie nach Pinnow und bot ihnen an, sie in einen fahruntüchtigen alten DKW zu setzen, um sie an ein Fahrzeug des in Räumung befindlichen Militärflughafens Neubrandenburg anzuhängen. Piekes Schwester Nono, die dort als Luftwaffenhelferin tätig war, wollte nämlich mit dieser Kolonne nach Pinnow kommen.

Der dankbare Lorck schnitt dann die Gemälde aus den Rahmen und rollte sie – als Kenner richtig, das heißt mit der bemalten Seite nach außen – auf. So wurden alle Bilder gerettet. Hatte man ihn etwa in Stargordt an die noch wertvolleren Gemälde nicht herangelassen?

Kurz bevor der Pinnower Treck abfahren sollte, landete in der Nähe des Hauses auf dem Felde ein »Fieseler Storch«, dem Nono und Fliegerhauptmann Neske entstiegen, um sich schnell zu verabschieden. Da Nono sich vom Weiterflug nicht abbringen ließ, blieb Pieke tief enttäuscht von dieser Planänderung zurück. Sie hatte fest mit ihrer Schwester als Teilnehmerin des Trecks gerechnet. Jetzt mussten sie und die nette Sekretärin die beiden Gutswagen ohne Ablösung allein fahren.

Unter den uns bekannten Luftwaffenoffizieren war auch ein Stabsarzt Tittel, der uns erstaunte, indem er mit dem Pinnower Treck mitfahren wollte. Das nahm man gerne an, konnte man einen zusätzlichen Helfer doch gut brauchen. Unterwegs zerschlug sich jedoch die Hoffnung, er könne gelegentlich die Kutscheraufgabe übernehmen. Dazu erklärte er sich als gänzlich unfähig und auch sonst konnte der freundliche Mann dem Treck nur wenig Hilfe bieten.*

* Über diesen Treck habe ich einen Bericht für die Maltzahn-Kinder geschrieben, der in begrenzter Zahl vervielfältigt wurde. So beschränke ich mich im Folgenden auf das Wichtige.

Bei der abendlichen Abfahrt der Wagenkolonne konnte ich nicht mitfahren, weil ich als Soldat nicht ohne Urlaubsschein über Land fahren konnte. Herr Tittel half mir, indem er mich am nächsten Morgen mit dem Motorrad nach Malchin ins Lazarett fuhr. Dabei überfiel ihn plötzlich die Angst, weil er sich selbst ohne Urlaub von seiner Luftwaffeneinheit getrennt hatte. Unterwegs sah ich neben der Straße von Menschen in Sträflingskleidung gezogene Wagen. Vermutlich waren es KZ-Häftlinge. Was würde, ging es mir durch den Kopf, wohl das Schicksal von Mama sein?

Im Lazarett nahm der Chefarzt ein Urlaubsscheinformular aus der Schublade und forderte mich auf, es schon auszufüllen, so lange er vorübergehend abwesend sein würde. Schnell nahm ich aus der Schublade zehn weitere Formulare und den Stempel, den ich den Leerformularen aufdrückte und steckte sie mir in die Tasche. Das von mir ausgefüllte Exemplar unterzeichnete dann der Chefarzt, froh, die Verantwortung für einen Problemfall los zu sein. Jetzt konnte ich Tittel beruhigen, weil ich ihn nun selber beurlauben konnte. Wir fuhren sogleich nach Bäbelin bei Sellahn, wo wir den Pinnower Treck trafen und das Motorrad stehen ließen. Das letzte Benzin war ohnehin fast verbraucht.

Das Waldgut Bäbelin gehörte Ferdinand Prinz von Lobkowicz und seiner Frau Lotti – Miterbin eines Frankfurter Bankhauses (meines Wissens Metzler). Diese ausgesprochen netten und hilfsbereiten Freunde der Maltzahns luden auch uns ein, in ihrem schönen Haus zu übernachten.

Die Lobkowicze waren noch gar nicht darauf eingestellt, ihr Haus auf Dauer zu verlassen. So mussten die Maltzahns die notwendigen Vorbereitungen energisch in die Hand nehmen. Als Pieke das Silber einpackte, rief Lotti entsetzt: »Du kannst mir doch nicht das ganze Silber wegnehmen!«

Unbeeindruckt bewahrte Pieke die Ruhe. Sie hatte, wie ich erst später erfuhr, schon vorher die ausgesprochen wertvollen Gemälde nach dem Vorbild Carl von Lorcks aus den Rahmen geschnitten und aufgerollt und damit einen Sturm der Entrüstung entfacht. Abends fuhren wir ab.

Albrecht ritt vorweg, den Weg erkundend, oft im Schein einer Taschenlampe die Karte lesend. Dann folgten die Pinnower Gutswagen, zuerst Pieke mit dem ängstlichen Dr. Tittel, dann dem der Sekretärin, danach ein Wagen mit dem Statthalter (dem Hofmann) und seiner Familie, anschließend die Lobkowicze mit einer Frankfurter Freundin. Als »Schließender« ich zu Pferde. Als Treckbegleiter konnte ich meine Kriegserfahrungen bei der bespannten Artillerie einbringen, wie etwa die Behandlung der Pferde und des Geschirrs nach langen Märschen.

Unterwegs in einer Kurve, als der Wagen von Ferdinand Lobkowicz in den Straßengraben fuhr, ohne dass die vor ihm Fahrenden es bemerkten, konnte ich den Treck zum Anhalten veranlassen und Albrecht zur Hilfe heranholen. Alle Stränge waren zerrissen. Verzweiflung ergriff die armen Lobkowiden; sie wollten nach Hause fahren – was sie ja gar nicht konnten. Es gelang uns schließlich, die Stränge mit Stricken und Bindfäden notdürftig zu flicken, Pferde und Wagen aus dem Graben zu ziehen sowie – nicht die kleinste Mühe – die Verunglückten zur Weiterfahrt zu ermuntern.

Die erste Nacht verbrachten wir auf dem Gut Mustin im Heu. Weil die Straße nach Westen völlig verstopft war, beschlossen wir, nach Südwesten abzubiegen und auf Nebenstraßen und -wegen sowie wegen der Tieffliegergefahr bei Dunkelheit zu fahren.

Unerwartet führte der Weg nach Sukow durch sumpfiges Gelände und wir mussten auf einem Knüppeldamm fahren.

Plötzlich kam uns eine militärische Kolonne entgegen. Der Anführer forderte Albrecht auf, vom Knüppeldamm hinunter nach rechts auszuweichen. Albrecht weigerte sich, da wir dann im Sumpf steckenbleiben würden. Da setzte der Anführer ihm die Pistole an die Schläfe. Ich war schnell nach vorne geritten und stellte fest, dass es sich um eine im Rahmen der Waffen-SS eingesetzte Truppe handelte, und ich vernahm Worte in lettischer Sprache. Weil ich zuletzt an der Front einige Zeit in Lettland eingesetzt war, konnte ich einige Worte lettisch. So vermochte ich in dieser Sprache radebrechend den Anführer dazu zu bringen, die Pistole abzusetzen. Dann rief ich auf lettisch das Kommando: »Rechts ran!« In der Tat machte uns die Kolonne Platz; wir konnten vorbeifahren. Nachdem wir wieder festes Gelände erreicht hatten, verbrachten wir den Rest der Nacht im Freien. Morgens erklärte dann der Statthalter, er und seine Familie wollten umkehren – »noch eine Nacht im Freien zu schlafen, können wir nicht ertragen. Zu Hause weiß man doch, was man hat.« Wir warnten sie vor den Russen – leider vergeblich. Tatsächlich haben diese dann, wie wir später hörten, den Statthalter erschossen.

Während die meisten noch länger ruhen wollten, drängte uns Albrecht dazu, die große Straße von Schwerin nach Ludwigslust zu überqueren, um in einem dahinter liegenden Wäldchen sichtgeschützt Rast zu halten. Dort picknickten wir gerade, als wir plötzlich amerikanische Truppen an uns vorbei bis zur Hauptstraße vorrücken sahen. Einige Zeit später beobachteten wir, wie russische Panzer und Soldaten auf der anderen Seite der Straße Halt machten und die Amerikaner freudig begrüßten. Diese Straße war, wie uns später bestätigt wurde, die Demarkationslinie zwischen der sowjetischen und der amerikanischen Armee. Wir waren – wieder einmal im letzten Augenblick – gerettet! Sogleich zog ich meine Uniform aus und vergrub mein Soldbuch. Ferdinand Lobkowicz schenkte mir eine Kniebundhose, Albrecht eine Tweedjacke. Beim Weiterfahren wurden wir schließlich in ein amerikanisches Auffanglager eingewiesen. Der Uniformträger Dr. Tittel wurde als Kriegsgefangener von uns getrennt. Mich hielt man für einen Holländer. Die Frage: »Are you dutch?« beantwortete ich mit »yes«, weil ich wegen meiner unvollkommenen Englischkenntnisse meinte, »dutch« hieße »deutsch«. Ein Amerikaner wollte sich meine Uhr als Kriegsbeute aneignen, suchte sie jedoch vergebens, ich hatte sie auf den Oberarm zurückgeschoben. Die Nacht ruhten wir, vor dem kalten Wind geschützt, im Straßengraben. Mein Reitpferd, Piekes heißgeliebte Aspera, riss sich plötzlich los und verschwand im Dunkeln. Offenbar betrachteten die Amerikaner sie nicht als Kriegsbeute; Pferde konnten sie nicht brauchen. Das treue Tier kehrte bald zurück.

Wir fuhren dann am 3. Mai weiter in Richtung Hagenow. Diesmal konnten wir unter einem Dach übernachten. Ein Siedler nahm uns auf. Die Stadt Hagenow umgehend, schlugen wir den Weg zur Elbe ein. Wir hatten erfahren, dass es in Blücher eine Fähre gab. Dies Ziel vor Augen vergaß ich am 4. Mai meinen Geburtstag. Am 5. Mai in Blücher angelangt, mussten wir enttäuscht feststellen, dass die Amerikaner den Betrieb der Fähre untersagt hatten. Wir konnten nun einige Zeit in Blücher bleiben, weil Frau von der Decken uns auf dem Gut aufs Freundlichste aufnahm. Dort hörten wir dann im Radio, dass die deutsche Regierung unter Dönitz kapituliert hatte. Wir atmeten auf: Das war die Befreiung. Am Himmelfahrtstage, dem 10. Mai, nahmen wir am Gottesdienst teil. In meinem Taschenkalender notierte ich: »Gottes Wort vom Lande.«

Hunger im Gefangenen-»Kral« – Hilfe bei Verwandten

Zu schnell war dann die schöne erholsame Zeit vorbei. Die Amerikaner hatten das von ihnen besetzte Gebiet an die Engländer übergeben, es war als englische Zone vorgesehen. Am 11. Mai wurden wir überprüft und ich wurde als Mann im dienstpflichtigen Alter zum »Prisoner of War« erklärt. Ich stellte mich auf den Standpunkt, ich sei als Mitglied einer Widerstandsfamilie – was Maltzahns bezeugten – de facto als wehrunwürdig aus der Wehrmacht entlassen. Das nahm der britische Offizier respektvoll zur Kenntnis, bedauerte aber, mich, da ich mich nicht ausweisen konnte, in Gefangenschaft führen zu müssen. Bewegt nahm ich von den liebenswerten Maltzahns, denen ich so viel verdankte, Abschied.

Man brachte mich dann in ein Gefangenenlager bei Brahlstorf. Von der Lagerbegrenzung aus konnte ich ein ansehnliches Gut aus der Nähe betrachten. Es war Melkof, der Besitz meines Vetters Conrad Graf von Kanitz. Bald wurden wir in einen Zug verladen, der in Richtung Norden fuhr. Später bog er plötzlich nach Osten ab. Das war unheimlich. Wollten uns die Engländer etwa an die Russen ausliefern? Von einem ähnlichen Vorgang in der Tschechoslowakei hatte man gehört. Nein! Auf einem merkwürdigen Umweg erreichten wir schließlich Neustadt in Holstein. Von hier ging es dann in mühseligem Fußmarsch nach Lensahn, Kreis Oldenburg/Holstein, von wo aus wir in den »großen Kral« eingeliefert wurden.

Wegen der unerwartet großen Zahl von Gefangenen in Holstein bei Kriegsende, angeblich waren es 220.000, halfen sich die Engländer, indem sie ein großes dünn besiedeltes Gebiet einzäunten und die Gefangenen darin weitgehend sich selbst überließen. Es handelte sich dabei um ganze noch intakte Truppenteile, die über Feldküchen und restliche Verpflegungsbestände verfügten. Da ich zu keiner dieser militärischen Einheiten gehörte und mich als Zivilist auch nicht unerkannt einschleichen konnte, wurde ich überall abgewiesen. Dabei traf ich dann einen zweiten Zivilträger, einen sehr netten Hauptmann Oelze, mit dem ich mich zusammentat. Er hatte auch ein Zelt gerettet und war froh, nicht allein darin hausen zu müssen. Wir bauten nun einen kleinen Herd, um darauf etwas zu kochen. Allerdings hatten wir nichts anderes als Brennnesseln. Ohne Salz war unsere Suppe freilich wenig schmackhaft! Um unsere Kraft zu erhalten, gingen wir täglich spazieren. Dabei trafen wir einmal am Zaun englische Soldaten. Sie durften uns natürlich nicht herauslassen, schenkten uns aber aus Mitleid einige Kekse aus ihrer eigenen knappen Verpflegung.

Eines Tages, am 23. Mai, sah ich bei einem Waldspaziergang einen Wegweiser: »Testorf 5 km«. Mir fiel ein, dass die Leuschentiner Maltzahns – Albrechts Bruder Georg und Annilori, meine Cousine, nach Testorf zu seinem Onkel Ernst von Abercron flüchten wollten. Am nächsten Tag nahmen wir alle Kraft zusammen und wanderten dorthin. Annilori – Georg war gerade nicht da – schenkte mir ein Stück von ihrem geretteten Speck und auch Brot. Welch eine Gabe gegen den Hunger! Aus dem völlig überfüllten Testorf kehrten wir in unser Zelt zurück und pendelten dann weiter zwischen beiden Orten.

Georg und ich strebten danach, bald hier herauszukommen. Er wollte nach Frankfurt am Main zu einem Freund, Besitzer eines Hotels, wo er angestellt zu werden hoffte. Bis Cappenberg nördlich Dortmund wollte er mich mitnehmen. Dort war der Treffpunkt unserer Tolksdorfer Familie bei den Verwandten Kanitz. Dazu brauchten wir eine Reiseerlaubnis und ich brauchte auch eine Bescheinigung, die einen Personalausweis ersetzte und meine Entlassung aus der Kriegsgefangenschaft bescheinigte. Wir hatten erfahren, dass der deutsche Kommandant von Eutin, Major Heye, von den Engländern als solcher bestätigt, über große Kompetenzen verfügte. Ein sinnloser Befehl Hitlers nämlich hatte noch kurz vor Kriegsende Eutin zur »Festung« erklärt; sie sollte bis zum letzten Mann verteidigt werden. Von allen, auch höheren Offizieren, hatte nur Major Heye den Mut, sich zum Kommandanten zu erklären und zu kapitulieren. Die Amerikaner – und dann die Engländer – erkannten den Offizier, der den Nazis getrotzt hatte, an und übertrugen ihm als Kommandanten weitgehende Vollmachten. So fuhren Georg und ich am 27. Mai nach Eutin, wo wir Heye aber nicht antrafen.

Am 29. Mai ging ich wieder nach Testorf, wo ich plötzlich mit Fieber und Schüttelfrost niederbrach. Der Militärarzt des im Ort stationierten deutschen Armeekorps stellte einen von überanstrengtem Herzen verursachten Kreislaufkollaps fest. Meine Diphterie war wohl nicht richtig auskuriert worden. Ich wurde in Georgs Bett gepackt. Unser Drang nach Eutin war aber so stark, dass ich trotzdem am nächsten Tag mit Georg dorthin fuhr. Wir vermieden die Kontrolle beim Verlassen des Krals und schlichen uns auf Waldwegen nach Eutin, wo wir wieder bei Herzog Adolf Friedrich von Mecklenburg im Schloss abstiegen, bis wir zu Major Heye gehen konnten. Mit diesem wurde alles besprochen, und ich bekam die erhoffte Bescheinigung. Herzog Adolf Friedrich als Bruder des Großherzogs war mit seiner Gemahlin den Maltzahns gut bekannt, sie kümmerten sich rührend um mich und bestanden darauf, mich zu Bett zu bringen. Als Flüchtling aus Schwerin in einer kleinen Wohnung im großherzoglich oldenburgischen Schloss wohnend, brachten sie mich in die herrschaftliche Empore der Schlosskirche, wo ich auf der gepolsterten Bank gut schlafen konnte. Zu später Stunde kam noch ein Nachtgast dazu, dem ich noch etwas Platz im Kirchengestühl machen konnte: Prinz Christian (Kiki) von Mecklenburg, der Erbe des Großherzogs. Eine erfreuliche Bekanntschaft.

Am nächsten Tag zurückgekehrt, kam ich in Georgs Bett in der Kutscherstube über dem Pferdestall. Georg musste stattdessen angewinkelt auf einer Eckbank im Arbeitszimmer seines Onkels schlafen. Er und Annilori haben mich dann bestens gepflegt. Als ich wieder etwas aufstehen konnte, aß ich mit diesen und ihren Kindern im Herrenhaus; dort speiste man aus Platzgründen in drei Schichten. Ständig stritten die Eheleute miteinander in Gegenwart der Kinder. Sie gingen dann getrennte Wege. Annilori radelte umher und verdiente etwas Geld, indem sie Portraits von Kindern malte. Georg fuhr im Land herum, um Futter für seine Pferde zu ergattern. Mir überließ man die Kinder, zwei Mädchen – elf und acht Jahre alt – und einen Jungen von fünf Jahren, was mir Freude machte.

Auch die Kinder wurden von Tag zu Tag immer zugänglicher. Abends im Bett sprachen sie ihr Nachtgebet. Neben den Eltern und Verwandten beteten sie auch für »den Führer«. Nun wollte ich die Mutter nicht desavouieren und erklärte, der Führer sei jetzt verstorben. Für Tote würde nicht mehr gebetet. Das leuchtete ein.

Als ich eines Tages in ein Nebengebäude umzog, wohnte ich kurze Zeit mit einem jungen Mann im selben Raum. Auf einmal war er spurlos verschwunden und mit ihm meine Brieftasche und damit auch meine wertvolle »Bescheinigung«. Viel später hörte ich dann, ein Hochstapler sei unter meinem Namen aufgetreten. Endlich bekam ich Ende Juni in Eutin eine Zweitschrift meines Scheines. Wir fuhren dann ins entfernte Plön zum englischen Armeekorps. Während Georg dort vergebens um eine Reiseerlaubnis verhandelte, sprach mich der englische Dolmetscher, Mr. Hoerster, auf meinen Namen an. Es folgte die Frage, ob ich mit dem Kommandanten der Möwe, Nikolaus Dohna, verwandt sei, die mich einigermaßen verunsicherte. Als Verwandter eines Kriegsgegners der Engländer, der viele britische Schiffe versenkt hatte, erwartete ich eine negative Reaktion, auch zu Ungunsten unseres Antrags. Stattdessen erklärte Mr. Hoerster: »Ich bewundere diesen hervorragenden Seemann. Er war ein fairer Gegner, der kein Schiff versenkte, ohne vorher dessen Mannschaft unter eigenem Risiko an Bord zu nehmen.« Schnell sorgte er dafür, dass wir am 26. Juni eine Reiseerlaubnis bis Frankfurt erhielten.

Erlebnisreiche Fahrt nach Cappenberg

Schon nach zwei Tagen begaben wir uns auf die große Reise nach Cappenberg. Georg hatte offenbar »die Hummeln«. Er wollte in Frankfurt nichts verpassen. So wurde es eine Gewalttour, anstrengend für Pferde und Menschen. In sieben Tagen schafften wir 357 km, dazwischen ein Ruhetag.

Dabei fuhren wir manche Umwege, um Verwandte, Freunde und Bekannte zu besuchen, Unterkunft zu finden und das Netzwerk zu erneuern.

Früh um ½ 7 Uhr am 28. Juni verließen wir Testorf und machten in Eutin bei Herzog Adolf Friedrich Pause. Es folgte Pronstorf, wo mir Gräfin Rantzau das ausnehmend schöne Barockschloss zeigte. Wir trafen Lo Hochberg, Kriegswitwe meines Vetters Konrad, mit ihrem kleinen Söhnchen Michael sowie »Groebens« (wohl Kako und Ria) und »Knyphausens« (wohl Onkel Giesbert mit Familie). Abends um ½ 10 Uhr Ankunft im Regen in Bliestorf, Übernachtung auf dem Gut von Freiherr von Schröder, Inhaber der Schröder-Bank in Hamburg, Vetter von Georg.

Am 29. Juni über Witzhave – »dort Gräfin Schulenburg«, höchstwahrscheinlich die Witwe des Widerstandskämpfers Fritz-Dietlof – nach Friedrichsruh. Hier Quartier im Forsthaus mit Lobkowiczens und Ebo Dohna. Mit diesen zu einem Sektempfang im Schloss bei Fürst und Fürstin Bismarck. So etwas hatte ich noch nie erlebt. Der Enkel des Reichskanzlers als Gesandter und die Tochter eines herausragenden schwedischen Architekten gaben einen Empfang im Smoking im internationalen Stil, als hätten andere Leute den Krieg verloren. Beide waren zu mir, der ich in Treckgarderobe erschien, sehr freundlich. Die Fürstin erzählte mir, dass sie durch ihre Mutter, eine Gräfin Douglas, von den schwedischen Dohnas abstamme. Gleichwohl hat mich diese Veranstaltung, überwiegend vom unverbindlichen smalltalk geprägt, eher befremdet.

Am nächsten Tage um ½ 9 Uhr ging es über Billstedt, wo Georg Bekannte aufsuchte, nach Hamburg zu Schröders. Um über die einzige intakte Elbbrücke zu gelangen, mussten wir durch die ganze Stadt fahren. Da kamen mir Bedenken – ich saß auf dem Kutscherbock –, dass wir an jeder Kreuzung lange warten müssten. Es kam aber ganz anders als im deutschen Stadtverkehr üblich. Die pferdeliebenden Engländer ließen den Kutschpferden, höflich winkend, stets die Vorfahrt. Ein unvergesslicher Eindruck! So bewältigten wir zügig die Tagestour von 100 km über Harburg, Buxtehude und Horneburg nach Schwinge im »Alten Land«. Claus von der Decken, mir aus Waldburg wohlbekannt, empfing uns freudig. Allerdings müsste er uns noch dem Hausherrn, seinem Vater, vorstellen, der noch ganz »welfisch« eingestellt sei. Der würdige alte Herr sagte zu mir (Georg ließ Claus wohl als Mecklenburger, also als Nicht-Preußen, gelten): »Sie sind der erste Preuße, der seit 1866 dieses Haus betritt. Aber ich kenne Ihr Schicksal. So nehme ich Sie selbstverständlich gerne in meinem Haus auf.« Wir unterhielten uns dann noch lange sehr freundlich. Es folgte dann ein Ruhetag, an dem wir noch den älteren Bruder von Claus, Tassilo, im nahen Rosenkranz, einer interessanten Wasserburg, besuchten. Mit frischen Kräften konnten sich jetzt Pferde und Menschen am 2. Juli um ¼ 7 Uhr (¼ nach 6!) auf die 115 km lange Tour begeben.

Über Harsefeld, Rothenburg und Verden kamen wir nachts um 11 Uhr nach Thedinghausen. Der Curfew, die englische Polizeistunde, war längst überschritten. Die Militärkontrolle wollte uns nicht durchlassen. Wir hätten auf freiem Felde übernachten müssen. Als wir sagten, wir wollten zum Fürsten Dohna, wurden die Engländer schon freundlicher. Sie zeigten uns den Weg ins »Amtshaus«, wo wir die Schlobitter sowie Carmen Dohna antrafen. Dort konnten wir auch unterkommen.

In dieser Zeit, das muss ich einschalten, gab es noch keine funktionierende Kommunikation zwischen den Orten. Post und Telefon befanden sich erst im Aufbau. Entsprechend blühten die Gerüchte. So manche Mücke wurde zum Elefanten. Allen Ernstes wurde behauptet, in Cappenberg sei das Schloss von Bomben völlig zerstört. Die Mücke war: auf die nahe Pappelallee waren eine oder zwei Bomben gefallen. Natürlich hielten wir an dem Plan, dorthin zu fahren, unverdrossen fest. Ernster zu nehmen war eine andere Behauptung, meine Mutter sei bei dem Abmarsch aus dem KZ gestorben. Tatsächlich gab es »Todesmärsche« aus mehreren Konzentrationslagern. Mama aber, das wusste ich damals noch nicht, war als Krankenschwester im »Revier« um der Patienten willen im Lager geblieben und wurde erst von der Roten Armee befreit. Man musste damals immer mit dem Schlimmsten rechnen, musste jedoch nicht daran glauben! Man freute sich über alle Verwandten, denen die Flucht gelungen war und die unversehrt geblieben waren. Gerade die Schlobitter, Alexander und Titi, wie auch ihre Kinder, standen uns nahe.

Es war mittags am 3. Juli als wir über Neubruchhausen und Bassum in die Gegend von Borwede fuhren, wo wir die Nacht bei einem Bauern in der Scheune verbrachten. Am Mittwoch den 4. Juli verzeichnet mein Kalender bei Diepholz ein »Unglück«. An Näheres kann ich mich nicht erinnern. Es hinderte uns jedenfalls nicht an der Weiterfahrt über Bohmte und Osnabrück bis Oesede, wo wir bei einem Gastwirt in der Scheune übernachteten. Bei der Weiterfahrt werden wir bei dem Wallfahrtsort Telgte von einer unangenehmen Kontrolle überrascht. Es sind Belgier, denen die Briten ein Teilstück ihres Gebietes hier im katholischen Münsterland zur Besatzung eingeräumt haben. Sie beschimpfen uns als »Junker, die Hitler unterstützt hätten«. Wir erklären ihnen die Rolle meiner Familie im Widerstand, worauf sie freundlich werden, zumal ich französisch spreche.

Über Münster und Werne erreichen wir Cappenberg. Welch eine Freude, bei den uns vertrauten und am nächsten stehenden Verwandten eine Heimstatt zu bekommen, die dann mehr und mehr zu meiner zweiten Heimat wird. Tante Ilse ist Mamas einzige Schwester, Onkel Albrecht, genannt Abs, ein Vetter von Papa. Dieser vom Freiherrn vom Stein geerbte Besitz meines Onkels ist eine großzügige schlossartige barocke Dreiflügelanlage des ehemaligen Klosters, in deren Ostflügel die Familie Kanitz wohnt. Eine bedeutende romanische Kirche schließt die Anlage ab.

Die Freude wird noch vermehrt: Faffa ist auch schon da. Er wurde aus englischer Gefangenschaft entlassen mit der Auflage, in der Landwirtschaft zu arbeiten, was er auch fleißig und gerne tut. Weil er auch noch sein Abitur nachholen muss, gebe ich ihm Unterricht. In dem von der Familie Kanitz bewohnten Flügel des Schlosses – eines ehemaligen Prämonstratenser-Stifts – wohne ich mit meinem Bruder in einem Zimmer im ersten Stock.

Eine dauerhafte Bereicherung für mich ist, dass ich jetzt Professor Hans Joachim Iwand näher kennenlerne. Da er schon 1937 als der führende Kopf der Bekennenden Kirche aus Ostpreußen ausgewiesen worden war, hatte ich bis zu diesem Zeitpunkt keinen Kontakt mit ihm gehabt. Er hatte damals die zentrale Mariengemeinde in Dortmund übernommen und war, als er dort ausgebombt wurde, im Schloss in Cappenberg aufgenommen worden, wo er mit seiner Familie wohnte. Am Sonnabend, dem 7. Juli abends, predigte Iwand in der von Onkel Abs für die evangelische Minderheit des Ortes eingerichteten Schlosskapelle. Solche von einer kleinen Barockorgel begleiteten Gottesdienste waren gut besucht und wurden oft wiederholt. Allmählich kamen immer mehr Flüchtlinge an und wurden in großer Enge im Schloss und in einer größeren Wohnung im Torhaus untergebracht. Im Schloss wohnten auch Onkel Carl Kanitz, Bruder meiner Großmutter Dohna, mit dem wir Bridge spielten, und seine Frau. Als er allmählich hinfällig wurde, musste ich der Tante helfen, ihn ins Bett zu bringen, was ich bei diesem geschätzten Onkel natürlich gern tat.

Eines Tages fuhr ein Leiterwagen an unserem Seitenflügel vor. Ihm entstiegen Ulla und Pieke. Große Freude! Ulla blieb dann und begann nach einiger Zeit eine Gärtnerlehre bei dem Cappenberger Schlossgärtner.

Ich bereitete mich nun auf ein Studium vor. Die erlebte Geschichte bestärkte mich in meinem Vorhaben, Geschichte zu studieren. Es ging mir darum zu wissen, wie es wirklich gewesen ist, um das Verstehen, um das Ernstnehmen des die Geschichte erleidenden wie auch mitbestimmenden Menschen, und darum, dieses auch weiterzugeben. In Königsberg hatte ich nach meinem frühen Abitur ein Semester studiert (1941/42) und mich auf den Rat meines Vaters in verschiedenen Fächern umgesehen, gerade auch bei den Juristen. Indes hatte mich besonders der Landeshistoriker Professor Bruno Schumacher motiviert, der alte, als geklärt geltende Bereiche mit neuen Fragestellungen erforschte. Er war dann eigens ohne mein Wissen zu meinen Eltern gefahren, um ihnen mit Nachdruck zu erklären, dass ich nicht Landwirt werden dürfte, sondern Historiker werden müsse. Vielleicht wusste er, dass der bekannte Professor der mittelalterlichen Geschichte in Königsberg, Herbert Grundmann, mir barsch gesagt hatte, ein Adliger dürfe nicht Geschichte studieren, ich solle Landwirt werden; er hingegen sei

Nachkomme von armen Webern. Diese Adelsfeindschaft lag dann viel später auch seiner Rezension der Buchfassung meiner Dissertation zugrunde, in der er wenig über den Inhalt, aber mehr über eine mir unterstellte Propagierung einer konservativen Ideologie sagte. Damit hat er mir sehr geschadet; zumal die ausgesprochen positiven Rezensionen in den ausländischen Zeitschriften in Deutschland kaum wahrgenommen wurden.

In Cappenberg lebte damals der vormalige Göttinger Professor Erich Botzenhart, um dort im Stein-Archiv eine neue vermehrte Auflage seiner monumentalen Ausgabe der Briefe und Schriften des Reformers Freiherr vom Stein vorzubereiten. Er fuhr am 4. September nach Göttingen, wo seine Familie lebte, um dort einen Studienplatz und Unterkunft für mich zu sichern.

Immatrikulation in Göttingen – Frau Schramm

Göttingen war die erste deutsche Universität, die nach dem Krieg wieder voll eröffnet wurde, Vorlesungsbeginn war bereits am 17. September. So fuhr ich mit Botzenhart am 10. September nach Göttingen. Dort wollte der Dekan der philosophischen Fakultät mich von der überfüllten Universität fernhalten, weil ich in Westfalen »ein Dach über dem Kopf« hätte und gut ein Semester warten könne. Das lehnte ich strikt ab. Nach drei für das Studium verlorenen Kriegsjahren sei ein Warten unzumutbar. Botzenhart ging dann mit mir zum Rektor, dem von den Nazis strafversetzten bedeutenden Juristen Rudolf Smend. Dieser unterhielt sich mit mir und sagte, seine Vorfahren hätten mit den alten Dohnas in Heidelberg als Reformierte zusammengearbeitet. Jedenfalls erhielt ich – auf welchem Wege auch immer – meine Zulassung.

Botzenhart, welcher der Familie Kanitz sehr dankbar war, hat sich rührend um mich gekümmert. Ein Quartier hat er mir bei Bekannten besorgt (in der Wiesenstraße 19). Es war ein in ein Wohn- und Esszimmer hineingestelltes Bett.

Einen Antrittsbesuch machte ich bei Frau Ehrengard Schramm, geborene von Thadden, deren wegen Widerstands hingerichtete Schwester Elisabeth von Thadden meine Eltern als Leiterin von Ullas Internatsschule in Wieblingen sehr geschätzt hatten. Mit ihrem Bruder Reinold von Thadden-Trieglaff, Mitglied des Reichsbruderrats der Bekennenden Kirche, der öffentlich gegen die »Tötung unwerten Lebens« protestierte, stand mein Vater in näherer Verbindung. Er holte ihn nach dessen Verhaftung in seinen militärischen Stab, um ihn vor der Gestapo zu schützen. Frau Schramm fragte mich: »Wo essen Sie?« – »In der Mensa.« – »Wollen Sie hungern?« – »Nein.« – »Dann essen Sie ab morgen bei uns, jeden Mittag um ½ 2.« Ihr Mann, Professor Percy Ernst Schramm war damals noch länger in Kriegsgefangenschaft.

In diesen ersten Göttinger Tagen konnte ich im Stadttheater, damals eine der wenigen unzerstörten Bühnen, die »Fledermaus« erleben sowie, ausgeführt von der Akademischen Orchestervereinigung, ein Konzert mit Werken von Bach und Händel.

Am 17. September begannen die Vorlesungen im Fach Geschichte. Der herausragende Historiker Karl Brandi stellte die Deutsche Kaiserzeit eindrucksvoll, aber in einem geschlossenen Bild vor, ohne auf die Widersprüche in den Quellen sowie in der Literatur einzugehen. Professor

Ulrich Karstedt las über die Römische Geschichte sehr originell, aber in bewusster Anwendung moderner, also anachronistischer Begriffe den grundsätzlichen Unterschied zweier verschiedener Zeitalter in unhistorischer Weise einebnend.

Freudige Überraschung: meine aus dem KZ befreite Mutter trifft ein

Damals funktionierte die Post nur innerhalb der Britischen Zone. Aus der Russischen Zone konnte nur ein illegaler Grenzgänger herübergebrachte Briefe auf unserer Seite in den Briefkasten werfen. Auf diesem Wege erreichte Tante Ilse ein Brief von Mama: Sie wohne in Weimar bei »Issy«, der Kriegswitwe des Vetters Ernst Julius von Seidlitz. Einen Brief von mir mit meiner Adresse in der Göttinger Wiesenstraße, der über die »Grüne Grenze« gebracht wurde, erreichte meine Mutter, wie ich dann erfuhr, am Tage vor ihrem Aufbruch in den Westen. Begleitet von einer Frau von Ditfurth schleppte sie sich mit Hungerödemen mühselig in finsterer Nacht über die Zonengrenze, wo sie auf niedersächsischer Seite zufällig einen nach Göttingen fahrenden Lieferwagen fand.

So stand meine Mutter am 22. September morgens um ½ 8 Uhr völlig überraschend vor meinem Bett. Welch eine Freude für beide! Botzenhart und Frau Schramm kamen abends zu uns in die Wiesenstraße. Am nächsten Tage konnte sich meine Mutter etwas erholen. Sie freute sich, dass ich studieren konnte. Doch irgendwann fragte sie mich, was ich denn eigentlich studiere. – »Geschichte«. – »Das hatte ich mir schon gedacht, aber ich finde es falsch.

Du solltest Jura studieren.« – »Dieses Fach ist überfüllt; es wird bereits davor gewarnt. Schon in Königsberg habe ich gemerkt, dass dies nicht mein Fach ist. Ehe ich ein mittelmäßiger Jurist ohne Aussicht auf eine annehmbare Stelle werde, sollte ich einen Beruf wählen, in dem ich mehr als der Durchschnitt leisten kann und der mich innerlich erfüllt.« Meine Ideen gingen schon damals in eine Richtung, die ich später bei Johann Gustav Droysen eindrucksvoll formuliert gefunden habe: »Zwar ist jeder Mensch ein Historiker, wer aber das historein zu seinem Beruf erwählt, hat etwas in besonderem Maße Menschliches zu tun.« Das Thema Geschichtsstudium wurde dann von meiner Mutter nicht mehr aufgegriffen.

Nachdem sie sich einigermaßen erholt hatte, machten wir uns am 24. früh auf die Reise nach Cappenberg. Die Fahrt mit der Bahn war damals sehr mühsam. Auf kleinen Strecken fuhren wir zunächst – fast zwölf Stunden lang – bis Bad Driburg, wo ich zwei Wochen zuvor schon einmal gewesen war, um die Stargordter Borckes zu besuchen. Sie wohnten bei Graf Oeynhausen-Sierstorpff, dem Inhaber des großen Privatbades. Die Gräfin war eine Cousine von Tante Hannelise. Sie nahmen uns sehr freundlich auf. Am Abend wurde Bridge gespielt. Am 26. früh fuhr uns ein Gast der Driburger, Agathe Prinzessin Ratibor, mit dem Auto in atemberaubender Eile durch die Haarnadelkurven des Eggegebirges nach Paderborn, wo wir einen Zug in Richtung Westen erreichten. In Unna halten wir längere Zeit vor der Einfahrt in den Bahnhof. Der Anschlusszug fährt vor unseren Augen weg. Er ist überfüllt gewesen, heißt es zur Erklärung. Zu Fuß gehen wir mit Gepäck bis zur Zeche Hellwig. Mit der Straßenbahn geht es nach Dortmund, wo wir – glücklicher Zufall! – Professor Iwand und Frau treffen. Mit ihnen fahren wir mit der Bahn nach Lünen, wo wir dann in dem Auto, das Iwands abholt, nach Cappenberg mitgenommen werden. Freudige Umarmung! Mama erhält ein gerade frei gewordenes schönes Zimmer im Erdgeschoss des Schlosses. Wegen des Wochenendes kehrte ich erst am 1. Oktober – sogar im Nachtzug überwiegend stehend – nach Göttingen zurück, wo weitere Lehrveranstaltungen begannen.

Studium in Göttingen, Aufbruchstimmung

In dieser ersten Nachkriegszeit herrschte in der akademischen Welt Göttingens eine ausgesprochene Aufbruchstimmung, wie sie auf der nachträglichen Feier zu meinem 80. Geburtstag Richard Weizsäcker unübertrefflich dargestellt hat. Es war nicht nur das Bewusstsein, wieder in Freiheit leben und studieren zu können. Man strebte nach geistiger und moralischer Neuorientierung, nach Auseinandersetzung mit dem Geschehen der Vergangenheit und der Gegenwart. Hier bot Frau Schramm wichtige Hilfe mit dem Angebot eines – bescheiden benannten – »Aussprache-Abends Herzberger Landstraße« in ihrem Hause.

Wie es dazu gekommen war, lässt sich anhand der knappen Eintragungen in meinem Kalender annähernd rekonstruieren. Von der Notwendigkeit einer Lebensorientierung überzeugt war ein Mann des aufs äußerste engagierten Widerstands: Axel Freiherr von dem Bussche. Sein Regimentskamerad des von den Männern des Widerstands geprägten Infanterieregiments 9, der Theologiestudent Friedhelm Graf von Matuschka, wies ihn auf seine Straßennachbarin Frau Schramm hin.

Am 8. Oktober sprachen die beiden Freunde – ich habe es miterlebt – mit Frau Schramm. Am 11. Oktober trafen wir uns als »Aussprachekreis« in ihrem Hause. Es war ein Rundgespräch mit dem Philosophiedozenten Wilhelm Kamlah, den Initiatoren und den beiden Freiherren von Weizsäcker, dem Jurastudenten Richard – ebenfalls Angehöriger des I.R.9 – und dem Physiker und Philosophen Carl Friedrich. Als Freund von Bussche war auch der Jurastudent Prinz Georg Wilhelm von Hannover gekommen. Ein Aushang in der Universität hatte angekündigt, die Veranstaltung sei für jedermann offen. So beteiligten sich an diesem ersten Gesprächsabend in der Schrammschen Wohnung um die 30 Interessierte, darunter 19 Studenten.* Frau Schramm gewann kompetente Vortragende – nicht nur Göttinger Professoren –, die komplexe oder strittige wissenschaftliche Fragen erörterten und zur Diskussion stellten: den herausragenden theologischen Denker Friedrich Gogarten (»Die Wahrheit in der Theologie«), Klaus Ziegler (das entsprechende Thema in der Germanistik), Reinhard Wittram (»Nihilismus«) und den Philosophieprofessor Gerhard Krüger aus Münster. Später regte uns auch der vielseitige Orientalist und Geisteshistoriker Hans Heinrich Schaeder an. Zahlreiche Teilnehmer, etwa 60, drängten sich, viele stehend, in der Enge des Schrammschen Hauses.

Diese Aufbruchstimmung prägte auch unser Studium und unser allgemeines Lebensgefühl. Dazu trugen diese Gesprächsabende sowie auch die dabei gewonnenen Bekanntschaften bei. Mit Axel Bussche kam ich in lebhaften Kon-

* In dem Sammelband über Bussche, hg. von Gevinon von der Medem, 1994, fehlt diese Initiative, während Bussches Engagement als späterer ASTA-Vorsitzender erwähnt wird.

takt und bald zu einer anregenden Freundschaft. Vor allem wurde der historisch bewanderte Richard von Weizsäcker, der spätere Bundespräsident, – vier Jahre älter und lebensklüger als ich – ein ausgesprochen wichtiger Freund auf Lebenszeit. Richard besuchte mich später auch in Cappenberg.

Auf die Frage, ob ich etwas zu angeblichen Schüssen auf ein Hitlerbild – im Osten vor dem 20. Juli 1944 – sagen kann, kann ich nur antworten: Von dieser Episode weiß ich nichts. Weder Bussche noch Weizsäcker haben mir in unseren häufigen vertrauten Gesprächen über Erlebnisse im Krieg und im Widerstand etwas davon erzählt. Was Weizsäcker sehr viel später über diesen Vorfall geschrieben hat,[*] kann ich nicht beurteilen, halte es aber für zweifelhaft oder mindestens stark stilisiert.

Eine solche Neuorientierung durch Diskurse war damals keineswegs selbstverständlich. Das Gegenteil habe ich etwas später in dem Internationalen Studentenheim »Nansenhaus« erlebt. Hier wohnten deutsche Studenten nach strenger Auswahl mit ausländischen zusammen; eine gute Idee. Als wir gleichfalls einen Diskussionsabend veranstalten wollten, lehnte der Leiter des Hauses dieses strikt ab. Es war ein Norweger, der als Pastor vorzeitig ausgeschiedene Olaf Brennhövd, ein wenig kommunikativer Mann. Er erklärte, das Zusammenleben ausländischer und deutscher Studenten, ehemaliger Kriegsgegner, dürfe nicht durch Debatten belastet werden. Nur gemeinsamer Sport könne diese jungen Menschen einander näherbringen. Offenbar war er auf die Propaganda hereingefallen, dass alle Deutschen, gerade auch die Jugend, überzeugte Anhänger

* Richard von Weizsäcker, Vier Zeiten. Erinnerungen, Berlin 1997, S. 88.

Hitlers seien, die der »Reeducation« bedürften. Als wir auf unserer Idee beharrten, sagte er, dies zeige, dass die deutschen Studenten noch immer Nazis seien! So blieb es nur bei individuellem Austausch, der auch Annäherung brachte.

Schon bald tauchten auch mir von früher her bekannte Gesichter in Göttingen auf. Mein Vetter Alexander Dohna-Schlobitten erschien mit seiner Tochter Sophie Mathilde (Ima), damit sie sich schon vor ihrem bevorstehenden Abitur orientieren konnte, wo sie studieren würde. Nachdem sie dann tatsächlich in Göttingen begann, Geschichte zu studieren, befreundeten wir uns alsbald. Später schrieb sie bei Hermann Heimpel eine Doktorarbeit. In ständigem Austausch über ihr Thema habe ich selber viel gelernt. Auch spielte Ima mit uns Theater.

Nach seinem nachgeholten Abitur kam der oben erwähnte Wolfgang von Buch, den ich aus Templin und Eldena kannte, zum Jurastudium nach Göttingen. Sogleich entfaltete sich eine ausgesprochen geistig und menschlich bereichernde lebenslange Freundschaft. Weil er in der Universitätsbibliothek jobte, war er wegen seines Körperformats allgemein als »Herr von Folio« bekannt. Wolfgang machte auch Besuch bei der Familie von Weizsäcker, weil sein Onkel Albrecht von Kessel als Botschaftsrat von seinem Chef, dem Vater Weizsäcker – damals Botschafter am Vatikan –, vor der Gestapo geschützt worden war. Wolfgang wurde dann ein besonders wichtiger Freund von Richard Weizsäcker. Als Afrikaexperte – er hatte unerschlossene Gebiete in Kamerun erwandert und war zu einem Ehrenhäuptling gekrönt worden – begleitete er später den Bundespräsidenten auf dessen Afrikareise. Nach seiner Göttinger Zeit als Rechtsanwalt in Bonn und Freiburg, war Wolfgang 15 Jahre lang mit Ima verheiratet.

Zu den ersten Lehrveranstaltungen trug der Privatdozent Dr. Walther Hubatsch mit einem eher konventionellen Proseminar zum Augsburger Religionsfrieden bei. Sodann bot der emeritierte baltische Professor Leonid Arbusow in den »Historischen Hilfswissenschaften« eine lehrreiche Übung zur Kunde alter Schriften und Urkundenlehre. Im Folgeseminar übte er mit uns die stilkritische Lektüre besonders interessanter Kreuzzugsquellen. Über den westeuropäischen Tellerrand hinaus führte auch der fähige Hilfsassistent Dr. Reinhard Elze in seinem Seminar zu griechischsprachigen Byzantinischen Kaiserurkunden. Zu dem lebensklugen, nur zwei Jahre älteren Bechterewkranken gewann ich bald auch ein persönliches Verhältnis. Wir unternahmen, meist wandernd, Exkursionen zu Stätten der Kunst und Geschichte. Viel später besuchte ich ihn mit meinen Studenten in Rom, wo er als Direktor des »Deutschen Historischen Instituts« wirkte.

Da Professor Siegfried August Kaehler viel krank war, hat der Assistent Dr. Walter Bußmann das erkenntnisfördernde Seminar über Parteiengeschichte (etwa 1848-1933) meist allein geleitet.

Das Gebäude des Historischen Seminars und das Auditoriengebäude hatte die englische Besatzung für sich in Anspruch genommen. Daher fanden unsere Lehrveranstaltungen in den Räumen anderer Institute statt. Von einer Vorlesung in der Lotzestraße etwa zur eine Viertelstunde später beginnenden Lehrveranstaltung in der Gosslerstraße musste man die ganze Innenstadt schon im Eilschritt durchqueren.

Neben dem Bereich der Geschichte im engeren Sinne erfreute mich die an Einsichten reiche Vorlesung des universalgelehrten Professor Herbert Schöffler über Shakespeare. Ich hatte den genialen Anglisten, einen Freund der

Schramms, in deren Hause kennengelernt und las auch sein höchst anregendes Buch über die dauerhafte Ausbreitung der Reformation in Europa, deren Gründe und Folgen. Shakespeare hatte mich übrigens sehr lange zuvor angesprochen. Als Soldat hatte ich stets ein Reclambändchen der Schlegel-Tieckschen Übersetzung in meiner Tasche. Den obligatorischen »Faust« kannte ich längst gründlich, zum Teil auswendig. Schöfflers früher Tod war ein großer Verlust!

Nach dem Tod des Geheimrats Brandi veranstaltete Professor Hermann Aubin, der bekannte Breslauer Historiker, im Wintersemester und anschließenden »Zwischensemester« ein untertreibend »Repetitorium« genanntes Seminar, in dem ich viel über Agrar- und Wirtschaftsgeschichte des Mittelalters lernte. Großen Eindruck machte auf mich wie auch auf die vielen Hörer aus anderen Fächern die hochaktuelle Vorlesung »Von Versailles bis Danzig« (also 1919-1939), in der Professor Kaehler die außerordentliche Verantwortung von General Ludendorff für die Entstehung und Entfaltung des Nationalsozialismus sowie für dessen Akzeptanz bei den meisten Deutschnationalen herausarbeitete. Dabei wertete er auch unbekannte Quellen aus. Mir war dies übrigens durchaus bewusst; mein Vater hatte mir über seine Erfahrungen im »Großen Generalstab« von 1916-1918 und der Folgezeit eingehend berichtet. Diese Vorlesung war ein wichtiges Stück Vergangenheitsbewältigung. Damals höchst notwendig war auch die Vorlesung über den lange verdrängten Karl Marx. Der Dozent war der aus Greifswald geflüchtete Hermann Bollnow, den ich auch öfter bei Schramms traf.

Entscheidend für mich wurde aber dann die im Sommersemester 1946 beginnende Lehrtätigkeit von Professor

Hermann Heimpel. Er zeichnete in seiner charismatischen Vorlesung nicht nur ein lebendiges Bild der hochmittelalterlichen Geschichte, sondern setzte sich auch – innovativ vom herrschenden Typ der damaligen Vorlesung abweichend – mit den Problemen der Quellen und der führenden Darstellungen auseinander. In seinen Seminaren arbeitete er mit den Studenten daran, gemeinsam eine Lösung von Fragen zu finden, in denen er selber noch nicht zu einem abschließenden Ergebnis gekommen war. So war es nur konsequent, dass Heimpel später zu meinem Doktorvater wurde. Einen solchen konnte ich im Bereich der Neuzeit, die ich zunächst anvisiert hatte, nicht finden. Kaehler war der Altersgrenze nahe und kränklich, Hubatsch, der mich sehr umwarb – er war auch Ostpreuße –, zu unbedeutend. Der aus Posen geflüchtete baltische Professor Reinhard Wittram kam als ehemaliger überzeugter Nazi nicht in Frage, wenn er auch nach dem Krieg der Nazi-Ideologie ostentativ abgeschworen hatte. Der Grund, dass Frau Schramm ihn zum »Aussprachekreis Herzberger Landstraße« eingeladen hatte, lag wohl in seiner betonten Frömmigkeit. Seine Vorlesung »Absolutismus« war interessant, doch sehr festgelegt. So habe ich auch sein Seminar wegen seines autoritären Stils gleich wieder verlassen.

Zwischenüberlegung – Welche Rolle spielten für mich vormalige Nazis wie auch Nazi-Sympathisanten?

Später wurde mir die Frage gestellt, ob ich denn als Betroffener einer Widerstandsfamilie offen und entspannt Universitätslehrern begegnen konnte, die Nazis oder wenigstens Sympathisanten des Dritten Reichs gewesen waren. Von den meisten wusste man zunächst nicht, dass sie politisch belastet waren; es war im Allgemeinen kein Thema. Von den Historikern kannte man allerdings diejenigen, die als stark engagierte Nazis aktiv aufgetreten waren und hielt sich von ihnen nach Möglichkeit fern. Neben Wittram in Göttingen waren das später in Mainz der ehemalige Straßburger Assistent Löffler und einige Mitglieder der Ranke-Gesellschaft. Ganz spät habe ich erfahren, dass der Altgermanist Hans Neumann, dessen Lehrveranstaltungen ich besucht habe, ein Nazi war.

Schon in Cappenberg hatte ich Professor Botzenhart kennen gelernt, der aus der Universität entlassen worden war, so dass er in Göttingen nicht zu meinen Lehrern gehörte. Er hatte sofort sein frühes Verhalten im Dritten Reich bekannt und erklärte, dass er »zu Recht entlassen« worden sei. Er habe ursprünglich den Freiherrn vom Stein verkannt und ihn als Vorkämpfer eines deutschen Nationalismus betrachtet, wie es die Nazi-Ideologie tat. Obwohl er nie in die NSDAP eingetreten war, hatte er eine zeitlang im Reichsinstitut für die Geschichte des neuen Deutschlands von Walter Frank gearbeitet und die Hofjuden der frühen Neuzeit erforscht. Durch seine Untersuchung und Edition von Quellen zur Geschichte Steins hatte er sich einen Namen unter den Historikern erworben und, wie mir berichtet wurde, in Göttingen einwandfreie Lehrveranstaltungen gehalten. So konnte ich mich auch mit ihm auf historischem Gebiet austauschen.

Berührungsprobleme hatte ich jedenfalls auch weiterhin nicht. Ich wollte auch den Fachvertretern nicht mit prinzipiellem Misstrauen begegnen. Ein ähnliches Denken nahm ich später auch bei meinen Freunden wahr. Erst eine jüngere Generation, die das Dritte Reich und die Nachkriegszeit nicht erlebt hatte, begann später mit intensiven Untersuchungen der Rolle der Wissenschaftler im NS, wie es der Historiker Otto Gerhard Oexle tat (1998). Wir suchten vielmehr Neuorientierung. Es ging uns primär um eine Neuorientierung der Universität sowie eine Neuorientierung in der Breite der Gesellschaft.

Nach den Ansätzen von Kaehler zur Vergangenheitsbewältigung wollten wir Historiker die Situation vor und nach der Machtergreifung erforschen. Die Beweggründe für das Verhalten der einzelnen Geisteswissenschaftler sollten zur Sprache gebracht werden. Dafür fand ein von den Ordinarien der Geschichte gemeinsam veranstaltetes Seminar statt, ohne Wittram, der nicht eingeladen war.

Inzwischen hatte die Philosophische Fakultät die Berufung des jüdischen Emigranten Hans Rothfels zum Nachfolger Kaehlers vorbereitet, die dann zum allgemeinen Bedauern an der finanziellen Engherzigkeit des Kultusministeriums scheiterte. Dafür kam dann Richard Nürnberger, auch ein Betroffener. Er war ein Schüler von Gerhard Ritter in Freiburg, dessen christliche und nazi-feindliche Gesinnung er teilte. Nach Ritters Verhaftung 1944 wurde Nürnberger die im selben Jahr erfolgte Habilitation und die Lehrbefugnis aus politischen Gründen aberkannt. Als Gast nahm auch Frau Schramm an dem Seminar teil.

Professor Schramm berichtete über seine Rolle in der Reichspräsidentenwahl 1932, in der Initiative für die Wahl Hindenburgs, in der er Hitler abfällig kritisierte. Das hatte zu einer Beleidigungsklage »Regierungsrat Hitler gegen Professor Schramm« geführt. Er war auch Schüler und Freund des jüdischen Kunst- und Kulturforschers Aby Warburg sowie des jüdischen Historikers Ernst Kantorowicz. Beide mussten emigrieren.

Heimpel hatte mir schon vorher anvertraut, dass er 1933 in Freiburg, vom Rektor Martin Heidegger dazu aufgefordert, einen Vortrag gehalten hat, der von einer frühen Begeisterung für das Dritte Reich erfüllt war. In diesem Seminar berichtete ich über eine Tagung, bei der ein jüdischer Gelehrter vorgetragen hat, wie er den Anbruch des Dritten Reichs erlebt hatte. Nur die Tatsache, dass er Jude war, habe ihn davon abgehalten, selber, wie alle seine Freunde, ein Nazi zu werden. Er sei jugendbewegt gewesen und habe sich für die Nazi-»Bewegung« wegen ihrer antibürgerlichen Ausrichtung begeistert. Dazu sagte Heimpel: Das ist gerade auch mein Fall gewesen. Was er nicht sagte und ich erst später von anderen erfuhr, dass Heimpel 1937 auf dem Historikertag in Erfurt, der weitgehend von dem berüchtigten Walter Frank und seinem Reichsinstitut beherrscht war, in einem Diskussionsbeitrag die Geschichtsauffassung der Nazis so grundsätzlich kritisierte, dass andere Anwesende Angst hatten, er würde gleich verhaftet werden.

Eine große Rolle spielte bei Heimpel auch seine Freundschaft mit dem jüdischen Historiker Siegmund Hellmann. Als dieser 1933 als Professor in Leipzig entlassen wurde, bat er Heimpel sehr darum, sein Nachfolger zu werden, was Heimpel, der ja schon Ordinarius in Freiburg war, auch annahm. Heimpel gewährte dann seinem Freund auf dessen Bitte ein Darlehen. Diese Tatsachen sind inzwischen auch durch Briefe dokumentiert. Heimpels Nachruf auf den in Theresienstadt ermordeten Hellmann (1952) »gehört zu den raren Eingeständnissen von Schuld und Scham über die Behandlung der jüdischen Kollegen im Dritten Reich« (Anne Christine Nagel). Heimpels Göttinger Kollege, der Theologe Lothar Perlitt, betonte in seiner – auch veröffentlichten – Predigt bei der Trauerfeier, dass Heimpel schon früh seine Schuld eingesehen und bekannt und lebenslang unter ihr gelitten hatte. Heimpel habe sich als Text für die Trauerpredigt zwei Jesusworte gewünscht: »Vergib uns unsere Schuld« und »In der Welt habt ihr Angst; aber seid getrost, ich habe die Welt überwunden.«

*

Zwar hatte ich mich bemüht, ein oder zwei Semester im Ausland zu studieren, was in den Nachkriegsjahren für einen Deutschen sehr schwierig war. Das führte in Zürich, wo die Geschichte der Neuzeit und die Osteuropas gut vertreten waren, beinah zum Erfolg. Doch ließ der als Einladender fungierende, von Alexander Dohna vermittelte Geschäftsmann das notwendige Formular versehentlich sechs Wochen liegen, so dass es für das laufende Semester zu spät war. Eine Wiederholung war dann nicht mehr möglich.

Eine einzigartige Auslandserfahrung bot mir eine Einladung des Internationalen Versöhnungsbundes zu einer Reise nach Frankreich (1950), insgesamt sechs Wochen. Die Hauptperson war eigentlich meine Mutter, die jeweils an neuen Orten öffentliche Vorträge über ihre Erfahrungen in der Bekennenden Kirche in Ostpreußen und im Konzentrationslager Ravensbrück hielt. Mir fiel die Aufgabe zu, in der anschließenden intensiven Diskussion für meine spürbar erschöpfte Mutter einzuspringen. Wir sprachen ja beide fließend französisch. Stets waren wir zu Gast in den Familien, oft in evangelischen Pfarrhäusern, meistens Betroffene des Nazi-Regimes. Die Einladenden fuhren uns auch zu bedeutenden Kunststätten, die auf mich großen Eindruck machten.

Nicht zuletzt ist auf den Privatdozenten der Geschichte Wilhelm Berges einzugehen, der mich außerordentlich anregte. Seine Vorlesung über das sonst kaum behandelte sogenannte Interregnum (»die kaiserlose, die schreckliche Zeit«, wie Schiller dichtete) und seine Folgen brachte überwiegend Italien ins Bild. Einmalig war sein vierstündiges Doppelseminar über sämtliche »Hilfswissenschaften«, also einschließlich der Siegelkunde und Münzkunde, vor allem auch der wissenschaftlichen Genealogie. Sein Alleinstellungsmerkmal war die Erkenntnis von der unausgesprochenen Veränderung der juristischen Definition der Verwandtschaftsgrade, welche die Päpste vorgenommen hatten, um die Anzahl der kirchlichen »Ehehindernisse« erheblich zu steigern. So konnten sie mit ihren Dispensen starken Einfluss auf die Politik der weltlichen Herrscher nehmen. Mit Berges ergab sich ein guter persönlicher Kontakt; er besuchte mich auch in meinem engen Dachkämmerchen in der Herzberger Landstraße, auf dem Fensterbrett sitzend.

Theater

Berges inspirierte uns Geschichtsstudenten auch, Theater zu spielen und beflügelte uns mit seiner eingehenden Literaturkenntnis und seiner kompetenten Regie. Er erklärte uns, warum wir historische Schauspiele wählen sollten: weil wir dabei mit unserer Interpretation, im Unterschied zu modernen Stücken, etwas bieten könnten, was professionelle Schauspieler nicht könnten. Mein Vorschlag, ein Drama von Shakespeare aufzuführen – ich hätte gerne den verkannten Richard II. dargestellt –, war nach Berges' Auffassung nicht plausibel, weil wir nicht mit den hervorragenden Leistungen auf diesem Felde von Heinz Hilpert und seinem aus Ost-Berlin nach Göttingen verlegten Deutschen

Theater konkurrieren könnten. So wählten wir ein Schauspiel von Calderon in der Theaterbearbeitung von Gozzi, von der auch eine brauchbare Übersetzung (von Schreyvogel) greifbar war: »Donna Diana«. Die Aufführung fand im August 1948 auf der Terrasse des der Universität gehörenden Schlosses Rittmarshausen bei Göttingen statt.

Durch den Erfolg ermuntert, spielten wir 1950 in Göttingen ein anderes Stück derselben Autors: »Das öffentliche Geheimnis.« Diese Aufführung traf auf ein begeistertes Publikum und musste mehrmals wiederholt werden an drei verschiedenen Orten, in einer Schulaula, im »Nansenhaus« und zuletzt im großen Saal der Mensa. In der ersten Reihe saßen der Rektor der Universität sowie die Quantenphysiker Weizsäcker und Heisenberg, der Nobelpreisträger. Zu dem Erfolg beigetragen hatte die Ankündigung: »Es spielt das Heimpel-Quartett.« Auf dem Theaterzettel hatten wir die Namen der Schauspieler nicht genannt. So wurde zum Beispiel ich im Zeitungsbericht als »der stattliche Federigo« bezeichnet. Das Presseecho war so groß, dass wir noch in zwei weiteren Städten spielten, wo freilich das Verständnis für ein solches historisches Schauspiel nicht so groß war wie in Göttingen. Meiner Erinnerung nach war Berges bei den Aufführungen nicht mehr dabei, weil er Göttingen verließ. Er ging nämlich 1950 als Ordinarius an die 1948 gegründete Freie Universität nach Berlin. Aber sein bis heute unübertroffenes Buch über die »Fürstenspiegel«, also die Staatstheorie und politische Philosophie des Mittelalters, sowie meine Besuche bei ihm in Berlin regten mich weiterhin an.

Das Deutsche Theater unter der Intendanz des großartigen Regisseurs und Schauspielers Heinz Hilpert mit seinem hervorragenden Ensemble verlieh Göttingen in der vielfältigen deutschen Theaterlandschaft einen Spitzenrang.

Ungewöhnlich, wenn nicht einmalig, war denn auch der lebendige private Kontakt zwischen Personen der Universität und denen des Theaters. In den Häusern Schramm, Heimpel und Weizsäcker lernte ich verschiedene Schauspielerinnen und Schauspieler kennen. Sie luden nicht nur mich ein, nach den Vorstellungen im Theaterkeller an ihrem großen Tisch zu sitzen; so saß ich mitunter auf dem Platz neben »Heinz«, wie er allgemein genannt wurde. Man ging manchmal auf gemeinsamen Wegen und tanzte auch miteinander. Das betraf nicht etwa nur mich. Als die Studenten der Romanistik ein Stück von Giraudoux in französischer Sprache aufführen wollten, sprang eine Schauspielerin des Deutschen Theaters für die Hauptdarstellerin ein. Ich erlebte dann die gut gelungene Aufführung.

Später etablierte sich in Göttingen noch das Junge Theater, in dem die Theatermacher den Kontakt mit den Besuchern ausdrücklich suchten, nicht zuletzt mit Professor Schramm. Dort lernte ich auch die vielseitige französische Schauspielerin und Sängerin »Barbara« kennen. Ihr anrührendes Chanson »Göttingen« ist eine Liebeserklärung an die Stadt, zugleich ein Aufruf der als Jüdin verfolgten Französin zu Frieden und Versöhnung der Völker.

Geschichtliche Erkenntnisse aus verschiedenen Geisteswissenschaften

Aus besonderem Interesse hörte ich die attraktiven, mitunter tiefschürfenden Vorlesungen des systematischen Theologen Iwand sowie die Vorlesungen des Kirchenhistorikers Ernst Wolf. Der geistreiche, mit Schramms befreundete Dr. Peter Scheibert ermunterte mich, mit ihm gemeinsam auch an Wolfs Seminar über das Konzil von Trient teilzunehmen. Die Lehrveranstaltungen von Wolf kamen mir unerwartet in der Doktorprüfung zugute, wo ich Systematische und Historische Theologie – beide bei Wolf (Iwand war ja längst in Bonn) – als Nebenfächer wählte, was mir auch zu einem »Summa cum laude« (»mit Auszeichnung«) verhalf. In seinem Seminar »Mystik des Mittelalters« hatte Wolf auch auf Staupitz hingewiesen. Johann von Staupitz, als theologischer Lehrer von Luther die Schlüsselgestalt der frühen Reformation, ist später der Hauptschwerpunkt meiner Forschung und meiner Veröffentlichungen geworden.

Geschichte »erleben« konnte ich auch bei dem herausragenden Philosophieprofessor Erich Hochstetter, während der bekannte Philosoph Nikolai Hartmann, seine eigene Lehre vortragend, mir nichts gab, ja mit seinen Starallüren unsympathisch war. Hochstetter hingegen stellte tief eindringend in deren nachhaltige Bedeutung geniale Denker vor: den frühen Humanisten Petrarca, die großen Philosophen und kirchenkritischen Theologen Wilhelm von Ockham und Nicolaus von Cues (Cusanus). Den Letztgenannten behandelten auch die Katholiken Joseph Koch und Joseph Klein (später evangelisch), mich fördernd, in ihren Seminaren. Später verfasste ich eine Studie über Cusanus, fußend auf einer von mir gefundenen unbekannten Quelle.*

Ebenso wie die Lehre im Fach Philosophie mich auf das Mittelalter verwies, ging es mir auch in der Göttinger Germanistik. Kurt May war mir mit seinem hymnischen Goethekult schwer erträglich. Bei dem Altgermanisten Hans Neumann konnte ich viel lernen. Meine nunmehr soliden Kenntnisse des Mittelhochdeutschen halfen mir dann

* In: Gedenkschrift für Martin Göhring, Wiesbaden 1968, S. 1-26.

bei meiner Dissertation über die »Reformatio Sigismundi«, die Neumann begutachtete. Viel später kamen sie auch meiner Staupitz-Edition zugute.

Im Laufe meines Studiums erkannte ich zunehmend, welche Vorzüge die Beschäftigung mit dem Mittelalter hatte. Zunächst zu nennen ist die grundlegende Erfahrung der Fremdheit eines anderen Zeitalters. Sie schützt vor immer wieder zu beobachtenden anachronistischen Missverständnissen. Daraus ergibt sich die Notwendigkeit eines methodischen Umgangs mit den Quellen und mit ihrer Sprache, Mentalität und Tendenz ihrer Autoren und ihrem Anlass. Mir und meinen Göttinger Freunden fiel auf, wie diese Gesichtspunkte von den zeitgenössischen Historikern in der modernen und erst recht in der Zeitgeschichte oft vernachlässigt werden. Darüber haben wir im »Historischen Colloquium« mit den engagierten Berliner Kommilitonen diskutiert. Ein abschreckendes Beispiel von solcher Vernachlässigung – aus Unkenntnis oder schlimmer Tendenz – war der Aufsatz von Seraphim (mitwirkend Hillgruber) über den, wie er behauptet, Präventivkrieg Deutschlands gegen die Sowjetunion 1941. Ein dem Mediävisten bewusstes Problem ist der Mangel an Quellen. Während der Zeithistoriker meist eine Überfülle an Quellen hat. Wenn er dann in bestimmten Bereichen, so bei geheimen Vorgängen – etwa im Widerstand –, nur wenige Quellen vorfindet, denkt er oft fälschlich, in ihnen sei alles Wissenswerte enthalten.*

* Hierüber habe ich in der Festschrift für Karl Otmar Freiherr von Aretin, 1988, Grundsätzliches geschrieben. Der Rezensent Wolfgang Schieder schrieb in der »Neuen Politischen Literatur« H. 2, 1989, S. 326, diese Ausführungen müsse jeder Zeithistoriker zur Kenntnis nehmen.

Und wie sah es in der Klassischen Philologie aus? Der großartige Graecist Walter F. Otto konnte zu meinem Bedauern nur ein Semester in Göttingen bleiben. Seine Vorlesung hat mich sehr bereichert. Dem seit Königsberg mit meiner Familie befreundeten Ehepaar Otto konnte ich mancherlei Hilfe leisten, etwa die Kohlen aus dem Keller holen. Manche Geistesgrößen trafen sich in der engen Wohnung. Einmal versäumten wir die streng überwachte Sperrstunde (um 10 Uhr abends), so dass wir das lebendige Gespräch die ganze Nacht über fortsetzten. Dann gingen der überragende Professor Wieacker – Direktor des Göttinger Instituts für Römisches und Gemeines Recht – und Ottos Oberassistent W. Hartke mit mir nach 5 Uhr morgens, weiter disputierend, nach Hause, von Frühaufstehern kopfschüttelnd als Betrunkene angesehen.

Um an Hartkes philologisch anspruchsvollem Seminar über Caesar teilzunehmen, musste ich zuerst die Eingangsprüfung bestehen und dann von Woche zu Woche hart arbeiten. Dabei habe ich wirklich viel über Geschichte und historische Methode gelernt. Auch die Vorlesung des Philologen Wolf Hartmut Friedrich über »Römische Historiker« hat mir tiefere Erkenntnisse gebracht als die Lehrveranstaltungen der Althistoriker. In diesem Zusammenhang ist noch der Philologe Kurt Latte (über Vergil; sowie: Die Religion der Römer) zu nennen, wie auch seine Vorlesung in lateinischer Sprache über die römischen Institutionen. Mich bewegte auch das Schicksal des angesehenen Gelehrten. Obgleich er wegen seiner jüdischen Abkunft verfolgt war, emigrierte er nicht und überlebte im Untergrund.

Ein wichtiges Fach der historischen Geisteswissenschaften ist auch die Kunstgeschichte. Indes widmete ich mich ihr nicht nur um einer Erweiterung und Vertiefung meiner forschungsbezogenen historischen Studien willen, sondern aus Interesse und Freude an der Kunst. Schon in Königsberg hatte ich den führenden Vertreter des Faches, Wilhelm Worringer, gehört. In dessen Vorlesung traf sich ein namhafter Teil der das Nazi-Regime ablehnenden gebildeten dortigen Gesellschaft. In Göttingen konnte ich den prominenten Herbert von Einem hören und den auch als Bauingenieur ausgewiesenen Heinz Rudolf Rosemann. Besonders interessant war für mich das Seminar »Zur Geschichte und Technik der Malerei« von Hans Tintelnot, das in der Gemäldegalerie der Universität stattfand. Der Archäologe Horn las über das spätantike Rom.

Bei dem genialen Quantenphysiker und Philosophen Carl Friedrich von Weizsäcker war nicht nur die attraktive öffentliche Vorlesung »Die Geschichte der physischen Welt« faszinierend, sondern ich hörte auch als geistigen Ausgleichssport seine vierstündige Hauptvorlesung der Physik. Später lud er mich als Gast in das Seminar des hochrangigen niederländischen Mathematikers van der Waarden ein.

In Göttinger Familien

Im Haus der Brüder Weizsäcker war ich häufig zu Gast und lernte interessante Menschen kennen. Den Vater habe ich nicht gekannt, und als er vorübergehend in Göttingen war, habe ich ihn nicht gesehen. Mit Carl Friedrichs Kindern spielte ich – gemeinsam mit Heimpels Kindern – Intelligenzspiele. Die beiden älteren Heimpel-Kinder – sie studierten nicht Geschichte – spielten mit uns Theater. Mit der Archäologin Erika war ich dann auch bis zu ihrem Lebensende befreundet.

Schon als Professor Heimpel anfangs noch allein in Göttingen wohnte, habe ich ihn oft begleitet und besucht. Seit seine Familie nachgekommen war, bin ich oft in deren schöner Wohnung gewesen. Frau Elisabeth Heimpel war eine ebenso liebenswerte, gut aussehende, dabei ganz uneitle Hausfrau, wie auch gute Mutter von fünf Kindern. Sie ließ nicht erkennen, dass sie, promovierte Pädagogin, auch Herausgeberin und Autorin der einflussreichen Zeitschrift »Die Sammlung« war sowie verschiedene soziale und politische Initiativen auf den Weg brachte, nicht zuletzt 1957 die »Göttinger Erklärung von achtzehn Atomwissenschaftlern« gegen die Ausrüstung der Bundeswehr mit taktischen Atomwaffen, die auch ihr Mann unterschrieb.

Der Familie Schramm war ich freundschaftlich verbunden. Frau Schramm, die mich mit großer Selbstverständlichkeit zum täglichen Mittagessen eingeladen hatte, forderte mich ebenso selbstverständlich auf, mit ihr in der Landwirtschaft zu arbeiten – am anstrengendsten war das »Verziehen« und das Hacken der Rüben –, wobei man auch mit der damals nirgends zu kaufenden Milch entlohnt wurde. Dabei unterhielt sich die kluge Frau mit mir auf hohem geistigem Niveau. Bei dieser Professorenfrau, welche die Probleme der Nachkriegszeit, anknüpfend an die Rolle der pommerschen Landfrau, tatkräftig meisterte, konnte man leicht übersehen, dass sie nach kurzem Studium ein engagiertes Buch über die Schwierigkeiten Griechenlands nach dem Ersten Weltkrieg geschrieben hatte. Nach dem Zweiten Weltkrieg fuhr sie dann, von ihrem Sohn Gottfried (Götz) begleitet, erneut dorthin und kümmerte sich erfolgreich um die Wiedergutmachung deutscher Unrechtshandlungen und schrieb ein weiteres Buch »Griechenland und die Großmächte«. Ihr politisches Engagement in der FDP kündigte sie nach deren Wendung zum Nazi-Anhänger Schlüter auf und wurde Landtagsabgeordnete der SPD. Herr Schramm blieb Mitglied der CDU.

Schon am Anfang meiner Göttinger Zeit war bei den Schramms die Nachlese der Kartoffeln beliebt. Auch mit Götz und Frau Schramms jungen und hübschen Halbschwestern Thadden, die als Flüchtlinge in ihrem Hause wohnten, gab es ein munteres Kartoffelsammeln. Dabei verpassten wir dann den Zug. Helfen konnte ich auch bei der Herstellung von Sauerkohl; ich hielt die Tonne fest, während Monika (Mona) Thadden, die hübscheste und in meinen Augen netteste dieser Schwestern, ihre Röcke schürzte und mit ihren nackten langen Beinen den Kohl stampfte.

Professor Schramm kam erheblich später aus der Gefangenschaft zurück. Als Zeuge für General Jodl, in dessen Wehrmachtführungsstab (OKW) er das Kriegstagebuch geführt hatte, war er in Nürnberg inhaftiert gewesen. Er forderte mich dann öfter auf, mit ihm im Garten zu arbeiten, sprach dabei aber wenig. Das holte er dann in seinem Arbeitszimmer, für mich sehr anregend, nach. Schramm war ein sehr vielseitiger Historiker. Vor einer überquellenden Menge von Hörern hielt er eine aktuelle Vorlesung über die Geschichte des Zweiten Weltkriegs, wobei er sich auf eine von ihm illegal gerettete Doublette des Kriegstagebuchs stützte. Die Stärke von Percy Ernst Schramm lag aber in seinen bedeutenden Büchern und Abhandlungen zum Mittelalter und weniger in seinen Lehrveranstaltungen. Er hatte hervorragende Schüler wie Norbert Kamp und Arno Borst. In seiner Mittelaltervorlesung behandelte er nur ausgewählte Probleme und verzichtete auf eine zusammenhängende Darstellung (»lesen Sie Karl Hampe!«). In seinem Seminar führte er bestimmte Einzelthemen vor, die bereits erforscht waren. Er bereicherte so mein Wissen, gab aber den Seminarteilnehmern keine Anregungen für eigene Forschung. So wurde er nicht mein Doktorvater, zumal ich mich bereits anders entschieden hatte.

Mit seiner Mutter, »Omi Schramm« – obgleich großrahmige Hamburger Senatorentochter und starke Bürgermeisterwitwe bescheiden und unaufdringlich fromm –, gewann ich ein freundschaftliches Verhältnis. Götz Schramm, obwohl mehrere Jahre jünger, wurde mir in bald einsetzendem geistigem und wissenschaftlichem Austausch ein guter Freund auf Lebenszeit. Auch er spielte mit uns Theater. Bald machte der Student und dann Doktorand der Germanistik auch in unserem »Historischen Colloquium« mit. Auf diese für mich besonders wichtige studentische Gruppe komme ich noch zurück.

Durch Percy Ernst Schramm lernte ich interessante Persönlichkeiten kennen. So den bekannten Schweizer Historiker Carl Jacob Burckhardt, der vor dem Kriege als Hoher Kommissar des Völkerbundes im Freistaat Danzig auch meine Eltern kannte. Später begegnete ich dort kurz dem Genfer Abiturienten Rudolf von Thadden, der nach meiner Mainzer Zeit ein vielfältig gegenseitig anregender und auch fordernder Freund wurde. Er heiratete die gescheite Wiebke Fehsefeld, die mir schon aus dem Colloquium gut bekannt war.

Oft war ich bei Kaehlers eingeladen. Der geistreiche Professor unterhielt sich gerne mit mir, vor allem auch bei Spaziergängen. Er wollte von mir viel wissen, sprach aber auch viel Interessantes an, wobei er mit seinen scharfen Beurteilungen nicht hinter dem Berge hielt.

Hervorzuheben ist noch die Familie Iwand. Die Kinder allerdings habe ich wenig gesehen; sie waren noch klein, und ich habe sie auch bei meinen Besuchen, als die Familie später in Bonn lebte, nicht näher kennengelernt. Mit Professor Iwand habe ich mich oft ausgetauscht – er war natürlich meist der Gebende –, bevorzugt auf Wanderungen. Frau Dr. Ilse Iwand war nicht nur eine gastliche Hausfrau und gute Mutter von fünf Kindern, sondern auch eine kluge und interessante Frau. Weil ihr Doktorvater, der prominente jüdische Jurist Gradenwitz, ein grotesk übertriebener Bismarckanbeter war, wechselte sie zu dem liberalen, herausragenden Strafrechtsreformer und Rechtsphilosophen Alexander Dohna, dem Vater der späteren Bildhauerin Dagmar. Nachdem ihr Mann 1937 aus Ostpreußen ausgewiesen worden war, besuchte sie noch öfter ihre Eltern in Königsberg. Der Vater, Professor Ehrhard, war ein bekannter Mediziner. Dort habe ich sie (wohl 1943) besucht. Dabei lernte ich ihre Mutter kennen. Diese eindrucksvolle Frau mit einer sehr sympathischen Ausstrahlung war erst als Studentin vom jüdischen Glauben zur überzeugten Christin konvertiert. Sie lebte gänzlich zurückgezogen, durch den Namen Ehrhard unauffällig, im Hinterzimmer, denn für die Nazis blieb sie eine »Volljüdin«. Eine unvergessliche Begegnung.

Bei dem aus der Emigration zurückgekehrten herausragenden Juristen und späteren Verfassungsrichter Gerhard Leibholz, der 1947 eintraf, war ich mehrfach im Hause und wurde zum Kaffee eingeladen. Auch mit seiner Frau Sabine, geborene Bonhoeffer, Schwester des von den Nazis ermordeten, bis heute aktuellen Theologen Dietrich Bonhoeffer und des im Widerstand hingerichteten Juristen Klaus Bonhoeffer, hatte ich naturgemäß einen guten geistigen Austausch.

So konnte ich mich in Göttingen vieler Freundschaften und Bekanntschaften erfreuen. Ich war hier gut vernetzt. Es gab allerdings auch Enttäuschungen, die zum Abbruch der Beziehung führten, und zwar bei Bekanntschaften, die auf die Zeit vor Kriegsende zurückgingen. In Göttingen lebte der ehemalige, schon früh von den Nazis abgesetzte Oberpräsident von Ostpreußen, Wilhelm Kutscher. Sein Sohn Gerhard war einer meiner besten Freunde in Templin, der mich seinerzeit nach Hause eingeladen hatte auf das kleine Gut seiner Eltern in Hinterpommern. Also besuchte ich den mir bekannten Vater in Göttingen und kondolierte ihm zum tragischen Tod seines Sohnes, der noch nach Kriegsende sein Leben verloren hatte, als er Kinder retten wollte, die mit einer Mine spielten. Herr Kutscher fragte mich: »Wie konnte ein so kluger und anständiger Mann wie Ihr Vater auf diese Putschisten hereinfallen?« Auf meine Erklärung des Widerstands erwiderte er: »Ja, die Nazis haben wir abgelehnt, aber der Anschlag richtete sich doch gegen das Staatsoberhaupt, gegen den Staat, das kann ich nicht gutheißen.« Da ich ihn von dieser negativen Beurteilung nicht abbringen konnte, war unser Verkehr abgebrochen.

Viel schärfer war und viel tiefer traf mich die ausdrückliche Aufkündigung einer tatsächlichen Freundschaft. Auf dem »Lehrgang für Reserveoffiziersbewerber« (wir haben uns *nicht* beworben) im Winter 1942/43 hatte ich mich besonders mit Werner Baumann befreundet. Zum Abschluss – wir waren aus Litauen nach Königsberg zurückgekehrt – lud Werner alle Kameraden zu einem kleinen Tanzfest in sein Elternhaus ein. Sein Vater war ein sehr freundlicher und heiterer Gastgeber. Er war Präsident der Reichsbahndirektion Königsberg. Später traf ich Werner an der Front wieder. Dort, allerdings in untergeordneter Stellung, er war nämlich nicht befördert worden, war er doch ein sympathisch unsoldatischer Typ. So kümmerte ich mich um ihn und half ihm so weit möglich. Nach dem Krieg schrieb er mir und erzählte, wie es ihm und seinen Eltern ergangen war. In gleicher Weise schrieb ich ihm zurück. Seine Antwort traf mich wie ein Schlag: Er sei entsetzt über den ungeheuerlichen Verrat meiner Eltern und über meine Übereinstimmung mit ihnen. So kündige er mir hiermit die Freundschaft auf.

In der Nachkriegszeit schwirrte durch viele interessante Vorlesungen eine unter großem Cape eher scheu wirkende Gestalt, die ich bald kennenlernte: Es war der Bruder von Helga von Hentig. Sie war eine mir gut bekannte, sympathische, stets hilfsbereite Dolmetscherin bei der englischen Besatzungsbehörde. Hartmut von Hentig, der spätere Professor der Pädagogik, suchte als Student in seiner gewinnenden Art meine Freundschaft. Dass diese letztlich nicht gelang, beruhte aus meiner Sicht auf einer schwer in Worte zu fassenden Wahrnehmung. Mich befremdete seine Eifersucht gegen meine anderen Freunde. Auch erschien er mir schwankend zwischen der Suche nach Anerkennung und einer egozentrisch und anmaßend wirkenden Stilisierung der Pädagogik zur Überwissenschaft, der alle Geisteswissenschaften untergeordnet werden müssten.

»Historisches Colloquium«

Am Ursprung der erwähnten studentischen Vereinigung »Historisches Colloquium« stand das regelmäßige Treffen von vier befreundeten Geschichtsstudenten – Jürgen Fischer (später Generalsekretär der Rektorenkonferenz), Joachim (Jochen) Leuschner, August Nitschke und mir (alle drei später Professoren) – zu gegenseitigem Austausch und Förderung unserer historischen Interessen. Eine Bereicherung für uns war dann das Hinzutreten meines Freundes Peter Classen, der später ein führender Mittelalterhistoriker wurde. Im wachsenden »Colloquium« interessant waren auch Ernst Schulin, später Professor in Freiburg, und Hermann Albrecht, später Oberstudiendirektor und Leiter von deutschen Schulen in Ägypten und in Argentinien, die beide treue Freunde auf Lebenszeit wurden. Eine gute Freundin war auch Heidi Brunn. Sie war Spitzenstudentin, von der noch besondere Leistungen zu erwarten waren, wenn sie nicht plötzlich an Kinderlähmung erkrankt wäre. Alsbald entschloss sich Ernst Schulin, sie zu heiraten. Drei begabte Kinder gingen aus der Ehe hervor. Später arbeitete Heidi mit ihrem Mann über die ausnehmend interessante jüdische Familie Kahn. Auf der Grundlage eines Nachlasses entstand daraus ein bemerkenswertes Buch, dessen Veröffentlichung in Vorbereitung ist.

Bald erweiterte sich diese Gruppe auch um Studentinnen und Studenten verwandter Fächer. Jeden Mittwoch hielt ein Mitglied oder ein geladener Gast einen Vortrag und stellte ihn zur Diskussion. Zugleich bildeten wir bewusst eine neuartige Verbindung, ein Gegenbild zu den herkömmlichen studentischen Verbindungen mit ihren veralteten, oft sogar reaktionären Traditionen. Wir durften uns meist im »Diplomatischen Apparat« der Universität im Michaelishaus treffen, bald auch im internationalen Studentenheim »Nansenhaus« – in dem ich, nach strenger Auswahl, mit ausländischen und deutschen Studenten wohnte.

Göttinger Wohnverhältnisse – Studentischer Wohnheimbau

Weil es in Göttingen zu wenig Wohnraum für Studenten gab und der vorhandene meist zu teuer war, beschlossen wir, ein eigenes Studentenwohnheim zu bauen. Nach meiner Zeit im »Nansenhaus« wohnte ich in dem kleinsten Haus der Herzberger Landstraße, dem sogenannten Puppenhaus. Als der Sohn der Besitzerin, für mich unerwartet, zurückkehrte, zog ich aus der gemütlichen Dachstube in das nicht bewohnbare winzige Dachkämmerchen. Vom Sperrmüll holte ich ein kleines eisernes Öfchen und leitete das Ofenrohr aus dem Fenster hinaus. Dem Wohnungsamt musste ich die Größe der Wohnfläche angeben. Meine Antwort wurde zum Lacherfolg: 1,5 Quadratmeter. – »Sie meinen wohl 1,5 m im Quadrat« – ich war in Mathematik seinerzeit ein Einser. »Die Fläche unter der nicht zum Stehen ausreichenden Dachschräge wird doch nur zu einem Drittel angerechnet.« Immerhin brauchte ich über längere Zeit nur günstige 17 Mark Miete zu zahlen.

Doch dann hatte ich Glück. Reinhard Elze, der für zwei Jahre ans »Deutsche Historische Institut in Rom« ging, bot mir an, seine gegenüber dem Puppenhaus gelegene Wohnung zu hüten und ihm dafür nur 17 Mark zu zahlen. Diese lag im ersten Stock der repräsentativen »Villa Brandi« mit einem halben in den Park blickenden Balkon. Elzes große und schöne Bibliothek der Weltliteratur war mir eine Quelle der Bildung und der Freude. Das als Wohnhalle eingerichtete Treppenhaus atmete noch ganz den Stilwillen des Historikers Karl Brandi. Sein Sohn und Erbe, der Architekt Diez Brandi, hatte sich selbst ein modernes Wohnhaus gebaut und den Charakter der väterlichen Wohnhalle erhalten, in der eine italienische Renaissancebüste den Eintretenden begrüßte. Hier traf ich oft die Bewohner des Erdgeschosses, Otto Hahn, den Nobelpreisträger, und seine Frau – eine eindrucksvolle Begegnung. Beide waren zu mir sehr freundlich und unterhielten sich gerne mit mir. Frau Hahn erzählte, sie sei in ihrer Jugend viel in Tolksdorf gewesen, wo ihr Vater Administrator war. Sie habe noch meinen Urgroßvater Borcke gekannt.

Eines Abends, als ich in die Villa Brandi zurückkehrte, hatte ich ein unangenehmes Erlebnis. Im Vorgarten traten plötzlich zwei Männer hinter Büschen hervor: »Halt, Polizei! Was wollen Sie hier?« – »Ich bin hier zu Hause.« – »Das kann jeder sagen. Weisen Sie sich aus!« Als harmloser Fußgänger in der Umgebung hatte ich keinen Ausweis bei mir, das war in den Augen der Polizei offenbar verdächtig. Man leuchtete mir ins Gesicht. »Fragen Sie doch die Hausbewohner, die kennen mich alle.« – »Nein, wenn wir zum Haus gehen, wollen Sie weglaufen.« Es dauerte lange, bis ich sie überreden konnte, mit mir an die Tür zu gehen und zu klingeln. Eine Hausbewohnerin identifizierte mich. Mir war alles unverständlich. Erst später erfuhr ich: Auf Otto Hahn war ein Anschlag verübt worden, der ihn glücklicherweise nur leicht verwundet hatte. Man fand schließlich den Täter: einen psychisch kranken ehemaligen Angestellten der Max-Planck-Gesellschaft.

Wir hatten, wie gesagt, im Colloquium beschlossen, ein eigenes Wohnheim zu bauen. Als Einziger war August Nitschke dagegen gewesen. Er wollte den »rein geistigen Charakter« des Colloquiums bewahren, den er durch die Bodenhaftung einer Heimstatt gefährdet sah.

Für den Wohnheimbau gründeten wir die »Gemeinnützige Förderergesellschaft Historisches Colloquium e.V.«

(GFHC), die nur aus sieben Studenten bestand. Um der Anbindung an die Universität willen und um etwaige Bedenken der Behörden zu zerstreuen, wählten wir ein Kuratorium mit satzungsmäßig beschränkten Befugnissen: fachverwandte Professoren, Frau Dr. Heimpel, Weizsäcker, den bekannten Rechtsanwalt Helmut Becker (Berlin) und den jeweiligen Rektor unserer Universität.

Zum Vorsitzenden der GFHC wurde ich gewählt. Jürgen Fischer als Schriftführer und Gudrun Colsman, später die Frau meines Freundes Götz Göckeritz, als Schatzmeisterin gaben mir entscheidende Unterstützung.

Viele Behördengänge waren zur Anerkennung der Gemeinnützigkeit notwendig. Im Bemühen um Anerkennung als sozialer Wohnungsbau (Hannover) und als zuschussberechtigte »neue Bauweise« (Bonn) fuhren aus Kostengründen höchstens zwei nach Hannover, nach Bonn nur einer: ich, wegen meiner für Studenten möglichen »Arbeiterrückfahrkarte« nach Cappenberg.

Im Kultusministerium in Hannover fragte mich der Referent, ein netter Pfarrer: »Können Sie denn, wenn Studentinnen und Studenten im selben Haus wohnen, verhindern, dass da etwas passiert«? – »Was kann denn«, fragte ich, »da passieren, was nicht überall sonst auch passiert?« – »Da haben Sie allerdings recht.« Im Finanzministerium versuchte Herr von der Groeben, der spätere EU-Kommissar, zu klären, ob wir nicht eine versteckte Verbindung der verbotenen Art wären. Unsere Grundsätze hat er dann lobend anerkannt.

Anerkennung fanden wir auch in Bonn. Der sehr engagierte Staatssekretär Wandersleb erklärte mir, wie ein Gesamtantrag mit vollständigem Finanzierungsplan bis zur Bauabnahme aussehen müsse. Mit einem solchen sollte ich alsbald wiederkommen. Als ich dann aber nach Bonn kam, war er überraschend abwesend. Er sei zu einer Eröffnung des landesweiten Heimstättenwerks nach Hannover eingeladen worden, ich müsse wiederkommen. Da fragte ich, wo das denn stattfände. – Im Landesmuseum. So fuhr ich kurz entschlossen dorthin. Der Weg zum Museum war damals noch unbefestigt und im Dunkeln schwer zu finden. Ein freundlicher Herr, den ich fragte, erbot sich, mich hinzuführen. Er erwies sich dann als der Direktor des Landesmuseums. Weil er den Bonner Offiziellen nicht kannte, war er erfreut über meinen guten Kontakt und bat mich, ihm den Gast empfangen zu helfen. Aber die Wagen aus Bonn trafen nicht rechtzeitig ein. Schließlich beschlossen die Veranstalter, anzufangen. Mein Anerbieten, den Bonner Vertreter zu begrüßen und hinein zu geleiten, wurde – offenbar meine Stellung überschätzend – dankbar angenommen. Der verspätete Staatssekretär beschied mich dann kurz, auf ihn zu warten. Nach dem Eröffnungsritual werde er sich herausschleichen. In der Tat: Unter großen Rubensgemälden prüfte er rasch unseren Gesamtantrag: »Sie haben alle Kosten genau ausgewiesen.« – »Das müssen wir doch tun.« – »Ja, im Prinzip. Aber es ist unpraktisch. Die Kosten übersteigen immer den Voranschlag, und es muss stets eine Nachzahlung beantragt werden.« Dann ging Herr Wandersleb schnell jeden Einzelposten durch und schrieb eine angemessen höhere Zahl ein. »So können Sie den Antrag jetzt einreichen.«

Einen kreativen Entwurf für unser Haus am Kreuzbergring stellte uns der Architekt Diez Brandi, Sohn des Historikers, kostenlos zur Verfügung. Das Problem des Zusammenlebens von Studentinnen und Studenten hatte er elegant gelöst. An ein großes Treppenhaus schlossen sich zwei seitlich leicht versetzte Flügel an, deren Geschosse jeweils eine halbe Treppe tiefer oder eine halbe Treppe höher lagen. Am Ende der Flure im Studentinnenflügel lag in beiden Geschossen eine Wohnung für verheiratete Assistenten; die ersten waren Fischer und Leuschner. Der die »neue Bauweise« Ausführende war der andernorts ansässige Architekt Göttler, der Erfinder der »Göttler-Bauweise«. Zur Senkung der Baukosten brachten wir auch Eigenleistungen ein, so die Arbeit des Ausschachtens.

Tatsächlich konnten wir den Finanzierungsplan ohne Mehrkosten einhalten und auch die Kosten für die Möblierung im Lastenausgleichsamt in Bad Homburg bei Baron Manteuffel einwerben. Die Einweihungs- und Dankesrede stellte ich unter das oben zitierte Wort von Johann Gustav Droysen.

Nach der Einweihung im Herbst 1952 konnte ich selber nur ein Semester in unserem Haus wohnen, weil ich Göttingen dann verließ. Mein Nachfolger als Vorsitzender der GFHC war Götz Schramm. Aus dem gemeinsamen Wohnen im neuen Hause gingen auch sehr bereichernde lebenslange Freundschaften hervor. Es waren die hochbegabten Theologen Götz Göckeritz und Klaus Scholder aus Tübingen herüber gekommen, hauptsächlich, um Gogarten zu hören. Göckeritz machte sich später in der Forschung einen Namen durch seine Edition und Interpretation des Briefwechsels von Gogarten mit Rudolf Bultmann sowie Karl Barth, Scholder nicht zuletzt als Verfasser des historischen Standardwerks »Die Kirchen und das Dritte Reich«.

In näherem Verhältnis zu Göttingen stand eine ebenfalls neuartige studentische Verbindung: die an der Forstakademie im nahen Hannoversch Münden studierenden »Feldjäger«, deren Mitglieder mein Bruder Faffa und mein Vetter

Rainer Kanitz waren. Sie nahmen am kulturellen Leben Göttingens teil und hörten auch geisteswissenschaftliche Vorlesungen. Mich luden sie nicht nur zu ihren munteren Festen ein, sondern ich gab an ihren regelmäßigen Vortragsabenden – »Kommerse« hatten sie nicht – mit kurzen Geschichtsvorträgen Anlass zu Gesprächen. Für beide Seiten war es ein bereichernder Austausch.

Am Institut für Europäische Geschichte in Mainz

Es war mit einem lachenden und einem weinenden Auge, dass ich Göttingen 1953 Ade sagte. Ich übernahm nämlich eine ganze Assistentenstelle in Mainz in dem im Aufbau befindlichen Institut für Europäische Geschichte, in der von Professor Martin Göhring geleiteten Abteilung »Universalgeschichte«. In Göttingen hatte ich ja nur eine halbe Hilfsassistentenstelle. Die einzige Assistentenstelle des Historischen Seminars war durch einen freigestellten Habilitanden besetzt. Die gesamte Assistentenarbeit teilte ich mir mit Norbert Kamp, dem späteren Professor und Präsidenten der Georg-August-Universität. So verdiente ich nur 75 DM im Monat, zu wenig zum Leben. Arbeitserfüllte Jahre lagen hinter mir, fünf arbeitsintensive Jahre vor mir – eine starke Verzögerung meiner Doktorarbeit war die Folge. Immerhin habe ich dann die Promotion vor dem Ende dieser Zeit erreicht.

Das aus zwei Abteilungen bestehende Institut sollte der Zusammenführung deutscher und ausländischer junger Forscher dienen. Seine Finanzierung war politisch umstritten. Der Etat musste von Jahr zu Jahr aufs neue im Landtag von Rheinland-Pfalz bewilligt werden, was uns viel Überzeugungsarbeit kostete. Unsere Aufgabe war die Anwerbung von geeigneten Stipendiaten und deren wissenschaftliche Betreuung, die Förderung der Doktorarbeiten bis hin zur Buchveröffentlichung sowie Vorträge zu veranstalten. Der Aufbau der Bibliothek unserer Abteilung lag ganz in den Händen von uns beiden Assistenten, Fritz Kallenberg und mir. Der Durchbruch war erreicht in dem großen internationalen Kongress »Europa, Erbe und Aufgabe«. Nach dessen Abschluss verbrachten wir beiden Assistenten noch einen gemütlichen Abend mit den beiden schwäbischen Freunden, Professor Göhring und dem Bundespräsidenten Theodor Heuss, beim »Schlotzen« von Trollinger. Als sein Fahrer ihn auftragsgemäß um 10 Uhr abholen wollte, sagte er: »Der Bundespräsident muss jetzt fahren, aber der Heuss bleibt hocke.«

Der tägliche Austausch mit den Stipendiaten hat mich sehr bereichert. Ich gewann auch gute Freunde. Eine nachhaltige Verbundenheit entwickelte sich mit dem italienischen Historiker Boris Ulianich, der über den Kontakt Venedigs zu den deutschen Protestanten forschte. Später war er »Professor der Geschichte des Christentums und anderer Religionen« in Neapel sowie Senator in Rom, wo wir ihn besuchten. Den besonders anregenden holländischen Kirchenhistoriker, G.H.M. (»Hans«) Posthumus-Meijes, dann Professor in Leiden, besuchte ich später auf seinem Landsitz. Der originelle Historiker und Hobbyarchäologe Arthur Haas, der später eine Professur an der Universität von Knoxville (Tennessee) bekleidete, lud mich ein, dort einen Vortrag zu halten.

Besonders intensiv durch die – jeweils wechselnde – örtliche Nähe blieb die Verbindung zu meinen deutschen Freunden aus Mainz und ihren Familien: zu meinem

Kollegen Fritz Kallenberg und dem Stipendiaten Karl Otmar Freiherr von Aretin, die später beide Professoren wurden.

Erlebte Geschichte war für mich auch die intensive Erfahrung aktueller Politik.

Mein in Mainz gewonnener Freund Hans-Werner Graf Finck von Finckenstein, zunächst politischer Redakteur der »Allgemeinen Zeitung« Mainz, sodann Diplomat und zuletzt Botschafter, vermittelte mir das hautnahe Erleben der großen Politik in Bonn. Dort führte er mich in die internen Pressekonferenzen der Bundesregierung ein; durch ihn gewann ich nähere Bekanntschaft mit maßgebenden Persönlichkeiten der Politik, darunter Staatssekretäre. Einmalig war dann auch später mein nahes Erleben der kommunistischen Tschechoslowakei bei einem längeren Besuch in Prag, wo Finckenstein noch vor dem Botschafteraustausch der Geschäftsträger der Bundesrepublik war. Mit ihm und seiner Frau Birgit verband mich eine lebenslange Freundschaft.

Im Jahr 1958 kehrte ich als Assistent nach Göttingen zurück. Mein Nachfolger in Mainz wurde mein Freund Ernst Schulin. Heimpel hatte mich aufgefordert, mich zu habilitieren. Für mein Habilitationsthema wollte ich das nach Göttingen ausgelagerte Königsberger Staatsarchiv auswerten. Allerdings sollte sich später herausstellen, dass die Quellengrundlage für mein Thema nicht ausreichte.

Unter dem Vorwand, die Schrift des Professors nicht entziffern zu können, gab mir die Seminarsekretärin einen Brief von Schramm an meine Tante Marion Gräfin Dönhoff zu lesen, darin hieß es: »Dohna ist zurück aus Mainz, durch seine rheinischen Jahre gelockert; jetzt müssen wir ihn nur noch verheiraten.«

Weil Aretin nach dem bevorstehenden Ende des Stipendiums stellungslos werden würde, empfahl ich ihn an Heimpel. Dieser holte ihn daraufhin an sein neugegründetes Max-Planck-Institut für Geschichte. So konnte sich Aretin in Göttingen habilitieren, wo wir täglich zusammenkamen. Wir machten gemeinsam einen Besuch bei Frau von Tresckow, der Witwe von General Henning von Tresckow, einem führenden Mann im Widerstand gegen das NS-Regime. Wir befreundeten uns mit der Tochter Uta, einer Medizinerin, die Aretin dann heiratete.

In dieser meiner zweiten Göttinger Zeit hatte ich öfter Kontakt mit dem bereits erwähnten Staats- und Kirchenrechtler Rudolf Smend. Er erfragte manchmal meine Einschätzung bestimmter Wissenschaftler und deren Arbeiten, was mich erstaunte, zumal meine Habilitationsarbeit noch keineswegs fertig war. Sein Assistent, der mich nicht nur geistig, sondern auch menschlich überzeugende Axel Freiherr von Campenhausen, wurde einer meiner besten Freunde und ist dies noch heute, inzwischen auch mit seiner Frau Sabine und den Kindern. Er wurde ein maßgebender Professor, später auch Staatssekretär in Hannover und dann dort Präsident der Klosterkammer. Daneben wirkte er weiterhin als Professor wie auch als Direktor des Kirchenrechtlichen Instituts der Evangelischen Kirche in Deutschland. Die Campenhausens wurden zu meiner Freude wie viele meiner Freunde auch die Freunde meiner Frau.

Nach diesen zeitlich weit vorauseilenden Berichten kehre ich in das erste Nachkriegsjahr zurück.

In Cappenberg waren die Offiziere eines britischen Luftwaffenstabs im Schloss einquartiert. Nachdem schon im Sommer das »Fraternisierungsverbot« aufgehoben war, unterhielten sich die jungen englischen Offiziere gerne mit uns. Aber gerade das ärgerte den C.O. (Commanding Officer), einen grimmigen Major. Er hatte den künstlerisch hervorragenden Bildniskopf von Onkel Abs – ein Werk von Dagmar Dohna – ins offene Fenster gestellt und mit der Pistole darauf geschossen. So sahen wir die Scherben des tönernen Portraits in das »Gärtchen« fallen; das Exemplar in Bronze blieb Gott sei Dank erhalten. Sein Kommentar: »Sie können doch froh sein, dass es nicht Ihr wirklicher Kopf war.« Schließlich erreichte er es, dass wir aus dem Schloss ausgewiesen wurden. Der vorgegebene Platzmangel war eine krasse Lüge. Mein Onkel hatte vorgesorgt. Er konnte die Villa Bolte am Ortsrand mieten, in welcher der alte Herr Bolte allein mit seiner »Christiane Vulpius« lebte, den verehrten Goethe nachahmend. Auch seine Kokslieferung hatte mein Onkel hierher umbestellt. Im Schloss hingegen mussten die armen Engländer nun frieren. Die Truppe nämlich teilte ihnen nur den Koks für sieben Personen zu, und nicht nach Wohnfläche. So besuchten uns die jungen Offiziere täglich, um sich aufzuwärmen. Sie mokierten sich über das selbstverschuldete Elend ihres Kommandeurs, den sie unverhohlen mit dem krassen Schimpfnamen »the Swine« nannten. Zur Erklärung sagten sie: »Die traditionellen Schichten gehen bei uns in die Marine, in zweiter Linie in die Kavallerie und das übrige Landheer. In der Aufbauphase der Luftwaffe stand dieser nur die dritte Wahl zur Verfügung. Das war bei Ihnen ja wohl ebenso.« Offenbar hatte sich dann im Krieg die am Fliegen interessierte jüngere Generation der besseren Schichten – wie auch bei uns – zur Luftwaffe gemeldet. Wir verbrachten mit ihnen dann – besonders in der Weihnachts- und Neujahrszeit 1945/46 – gemütliche Nachmittage und Abende. Es wurde Bridge gespielt oder vorgelesen. Einige Gäste wollten ihr Deutsch vervollkommnen, so lasen wir Texte aus der deutschen Literatur vor. Mein Onkel und meine Mutter lasen besonders gut; ich war auch manchmal der Vorleser. Aus der reich bestückten Bibliothek der Villa Bolte – nicht nur Goethe! – wählte ich meist wenig bekannte Stücke aus; so beeindruckte alle die Novelle »Das Fräulein von Scudéri« von E.T.A. Hoffmann.

Um diese Episode abzuschließen, auch hier ein Ausblick: Im Frühjahr kam der hochrangige Wing-Commander (etwa: Geschwader-Commodore), um die Cappenberger Truppe zu inspizieren. Er unterhielt sich auch lange mit uns. Bald erfolgte der Befehl an den Luftwaffenstab, das Schloss Cappenberg vollständig zu räumen. Der C.O. verschwand von der Bildfläche. Nunmehr konnte mein Onkel den größten Teil des Schlosses an das Dortmunder Museum für Kunst und Kulturgeschichte vermieten.

Mit diesem Museum und dem Museumsdirektor Dr. Fritz war er schon länger in Verbindung. In dem von dicken Mauern und Gewölbe geschützten »Refektorium« im Souterrain des ehemaligen Klosters konnte Herr Fritz schon im Krieg den unersetzlichen Marienaltar des Conrad von Soest (um 1415) vor der Bombengefahr in Sicherheit bringen. Unter dieser Gipfelleistung der deutschen Kunst des frühen 15. Jahrhunderts haben wir unsere täglichen Mahlzeiten noch über das Jahr 1945 hinaus eingenommen.

Ausklang

Nach dem von uns erkannten und akzeptierten, als unwiederbringlich angenommenen Verlust der geliebten Heimat ist Cappenberg mir zur zweiten Heimat geworden, wenn auch meine mannigfaltigen Verbindungen mit Göttingen ihre große Bedeutung behielten. Tante Ilse und Onkel Abs haben »unsere Dohna-Kinder« wie die eigenen Kinder aufgenommen und vielfältig gefördert. Dankbar bin ich nicht nur für die empfangenen Wohltaten, sondern auch dafür, dass ich, wie auch meine Geschwister und meine Mutter, Einiges zurückgeben und mich auch selber mit eigenen Beiträgen in das Leben der Familie einbringen konnte.

Dank

Dieses in relativ kurzer Zeit geschriebene kleine Buch entstand auf Wunsch meiner Nichte, der Pastorin Amélie Gräfin zu Dohna. Ursprünglich war es nur für die Familie verfasst. Auf Anregung des Verlegers Professor Thedel v. Wallmoden habe ich den Text für einen größeren Leserkreis überarbeitet und erweitert. Er hat ihn auch selber lektoriert. Ihm sei herzlich gedankt. Dank auch an Frau Svenja Bischoff für die gute Schlussredaktion.

Ein besonders herzlicher Dank gilt meiner Frau, Dr. Armgard Gräfin zu Dohna. Im ständigen Gedankenaustausch hat sie mir wegen meiner geringen Sehkraft meine alten Aufzeichnungen und andere Texte vorgelesen. Den vorliegenden Buchtext hat sie nach meinem Diktat geschrieben.

Rheden im August 2018 L z D

Inhalt